企业经营实务操作百宝箱

企业办公管理 与表格范例

葛海军◎著

清华大学出版社
北 京

本书封面贴有清华大学出版社防伪标签,无标签者不得销售。
版权所有,侵权必究。举报:010-62782989,beiqinquan@tup.tsinghua.edu.cn。

图书在版编目(CIP)数据

企业办公管理与表格范例/葛海军著.—北京:清华大学出版社,2021.7
(企业经营实务操作百宝箱)
ISBN 978-7-302-57181-0

Ⅰ.①企⋯ Ⅱ.①葛⋯ Ⅲ.①企业管理—行政管理 Ⅳ.① F272.9

中国版本图书馆 CIP 数据核字(2020)第 260220 号

责任编辑:刘志彬
封面设计:孙至付
责任校对:宋玉莲
责任印制:沈　露

出版发行:清华大学出版社
　　　　　网　　　址:http://www.tup.com.cn,http://www.wqbook.com
　　　　　地　　　址:北京清华大学学研大厦 A 座　　邮　　编:100084
　　　　　社 总 机:010-62770175　　邮　　购:010-62786544
　　　　　投稿与读者服务:010-62776969,c-service@tup.tsinghua.edu.cn
　　　　　质 量 反 馈:010-62772015,zhiliang@tup.tsinghua.edu.cn

印 装 者:三河市金元印装有限公司

经　　销:全国新华书店

开　　本:170mm×240mm　　印　张:15.25　　字　数:213 千字

版　　次:2021 年 7 月第 1 版　　　　　　　　印　次:2021 年 7 月第 1 次印刷

定　　价:69.00 元

产品编号:088454-01

序言一
PREFACE

现代企业的竞争，说到底就是管理方面的竞争。随着社会的不断发展、企业竞争力的不断增大，办公室管理方法作为提高企业管理效率的重要手段之一，逐渐成为各大公司竞争的重要方面。现如今，越来越多的企业管理者都把目光集中到了企业管理上。

企业办公管理可以说是企业的中枢神经系统，涉及企业生产、技术、资金、运营和发展等方面。从管理学角度看，企业办公管理是让公司能最大限度发挥人力、物力、财力优势的科学方法，其最终目标也是为了让企业实现飞速发展，让企业与员工能互利共赢。

拥有健全的企业办公管理制度，就能在日益残酷的企业竞争中站稳脚跟。企业办公管理制度不但能让企业的运作效率大大提升，还能树立企业积极健康向上的形象，同时还能规范企业的行为，充分激发员工的潜能，满足客户的需要。

一个企业要想做大做强，企业办公管理是必不可少的行为和手段。从各大企业多年的实践经验可以得出，使用健全的管理方式来管理办公行为，能对规范企业、提高竞争力起到很大成效。换言之，企业办公制度化的管理模式，就是未来企业的重要发展方向。

《企业办公管理与表格范例》一书，正是吸收与利用了几种管理模式，并且在企业行政组织、会议活动管理、企业接待与宴请、企业行政公文与合同管理、企业财务与行政经费、企业客户和公关管理、企业总务后勤管理等方面深入浅出，力求穷尽企业办公管理过程中所涉及的所有方面。

《企业办公管理与表格范例》不仅仅是泛泛地讲解行政办公体系，它还涵盖了办公管理中最重要的核心部分。作者在实用性上下功夫，将企业办公管理制度、表格、公文及实操作内容，力求做到书中所有表格各企业按照实际情况稍加修改就能使用。

　　为了让读者更好理解《企业办公管理与表格范例》的所述内容，作者将制度、表格等都作了标准化设计，让大家在容易理解的基础上，更科学便捷地上手企业办公管理。

　　总体来说，本书主要有以下三大特点。

　　首先，本书内容丰富全面，深入浅出，极大地涵盖了企业办公管理各个模块的问题与解决方法。

　　其次，本书将企业办公管理的理论性与实用性相结合，不但对企业管理的各个板块进行梳理，还使用了大量术语与术语解读，同时为从业与创业人员准备了大量的实操工具。

　　最后，本书配以大量表格，用直观简洁的方式展现给读者企业办公管理的方式方法，以便读者使用。

　　葛海军同志长期从事办公室行政管理工作，积累了丰富的经验，并善于归纳和总结，把多年的工作成果整理出书与大家分享。希望读者能在本书中有所收获，也让企业的办公管理工作更上一层楼。

温　彬

中国民生银行办公室副主任

中国民生银行首席研究员

2020 年 11 月

序言二
PREFACE

　　履行企业办公管理职责的办公室是企业的综合协调办事机构,对于保障企业的正常运转发挥着不可替代的中心枢纽作用,承担着承上启下、沟通内外、协调左右、联系四面八方的责任,概括起来就是通常所说的"为领导服务、为基层服务、为群众服务",许多企业办公室还与党委办公室合署办公。党委办公室要做认真履行党委决策的参谋者、机要工作的保密者、单位形象的塑造者,协助党委"运筹于帷幄之中,决胜于千里之外"。办公室工作不能"忙于办事,疏于谋事",要认真当好"参谋员""督查员""情报员"。日常工作都要走一步想三步,要有统揽全局的思路,步步走清晰、件件事到位、项项落得实,不能信马由缰,走到哪儿算哪儿。要把握好原则性和灵活性,统筹好上下、前后、左右维度,做到标准化、规范化、流程化、常态化,不断增强主动性,提升执行力,始终把"群众拥护不拥护、高兴不高兴、答应不答应、满意不满意"作为衡量办公室一切工作的出发点和落脚点。

　　做好企业办公管理工作关键还在于建立一支经得起考验、抗得住诱惑、管得住自己的优秀干部员工队伍。每一名办公室工作人员都要注意自己的一言一行、一举一动,坚持高标准,严要求,从点滴做起,从细微小事做起,不断提高职业道德和思想修养,提高政治站位、掌握科学方法、转变工作作风。要坚持绝对忠诚的政治品格、高度自觉的大局意识、极端负责的工作作风、无怨无悔的奉献精神、廉洁自律的道德操守。办公室工作环境要干净整洁,工作人员要热情大方,不能出现脸难看、门难进的情况，要保持神正、心正、气正、语正，沟通协调要流畅，办事效率要高，事情谋划要提前。

很多做企业的人都会问，为什么人财物力丰厚，却做不出一个优秀的企业？为什么有人做了很多年的企业，却依旧对企业的概念非常模糊？究其原因，就是因为他们不懂得对企业办公进行管理。企业是一个完整的系统，企业办公管理就像这个系统的神经脉络。拥有健全的办公管理制度不仅能够使得企业在日益残酷的竞争中站稳脚跟，还可以提升企业运作效率，树立积极健康向上的形象，规范企业行为，激发员工潜能，满足客户需要。企业要想做大做强，企业办公管理是必不可少的行为和手段。从许多企业管理实践看，运用健全的管理方式来管理办公行为的企业，就能够有效规范企业行为，提高企业运营效率。

青年才俊葛海军同志具有丰富的办公室工作经验，其独著《企业办公管理与表格范例》一书详细分析了企业行政组织、会议活动管理、企业接待与宴请、企业行政公文与合同管理、企业财务与行政经费管理、企业客户和公关管理、企业总务后勤管理等办公管理的各方面工作模式、流程和技巧，力求穷尽企业办公管理过程中所涉及的所有方面。

本书将企业办公管理的理论性与实用性相结合，对企业管理的各个板块进行了梳理，为办公室从业者与创业人员准备了大量的实操工具。希望读者能在本书中有所收获，使企业的办公管理工作更上一层楼，是以为序。

张春子　研究员
中信银行原董监事会办公室负责人
清华经管中国金融研究中心特约研究员
2020年8月28日

序言三
PREFACE

  企业是市场经济活动中最为重要的主体，在经济社会发展中发挥着巨大的作用。重视和加强企业办公管理对于提升企业的市场竞争力具有十分重要的意义。在科学化、规范化的新形势下，企业办公管理是个相当庞大的系统工程，上到企业的资产管理，下到办公室的笔墨纸张，特别在经济新常态下，企业办公管理面临着转型升级和质量的提高。2019年底以来，我国又处于后疫情时代，企业办公管理要素中加入了信息化、智能化等新型要素，而这些要素体现在企业的接待服务与礼仪、会议组织与策划、宣传公关与后勤等各个环节。本书是一本关于企业办公管理基础性、应用性、实操性很强的论著。

  本书共分为两部分，一是对企业行政管理进行较为全面的论述，二是重点探讨企业行政办公制度和管理的实操逻辑。在企业行政管理综述方面，主要介绍了各岗位办公人员的职权管理内容及行政岗位职责，同时阐述了行政组织设计要素和组织结构，以此作为企业行政管理的理论基础。在企业行政办公制度与管理实操部分，主要分为六大板块。其一，关于企业会议和活动的管理，包括企业会议的具体工作、通知和流程、活动策划与基本表单制定等；其二，关于企业接待与宴请管理，包括前台及公务接待的具体流程、注意事项等；其三，关于公文与合同管理，包括企业公文及合同的种类、语言规范等；其四，关于企业财务和行政经费管理，包括办公用品、设备、经费及表单等；其五，关于企业客户和公关管理，包括公共关系、危机管理、保密管理等；其六，关于企业总务后勤管理，包括安全、车辆、卫生环境管理等。

总体而言,本书呈现以下特点:

一是内容丰富全面。本书涉及企业管理的方方面面,内容从接待管理到后勤管理,较为全面系统地刻画出各个环节企业办公管理的风貌。

二是语言深入浅出。与语言风格较为晦涩的理论性论著不同,本书语言风格简单清晰,容易理解,适合广大企业管理和服务人员阅读。

三是较强的操作性。本书中有相当多的案例、图表等,为企业办公管理提供样板,例如系统阐述了通知发布的格式、前台日常工作明细表、合同样板、发文审批单等,为企业行政人员提供了便捷规范的模板遵循。

企业办公管理涉及对企业的生产经营活动进行组织、计划、指挥、监督和调节等一系列问题的探讨,内容庞杂,但本书能够从众多知识点中找到最直接、最有效的应用于企业一线办公管理的内容,无疑为企业主、管理团队以及工作人员提供了便利可及的工具手册,为提升企业管理创新能力带来方法和思考,希望与读者共享!

周颖畅

2020 年 7 月

扫码获取附赠表格

目 录

第一部分
企业行政管理综述

第一章　各岗位办公人员职权管理　// 3
　　第一节　办公室文员工作管理内容　// 3
　　第二节　行政岗位说明书　// 9

第二章　必须掌握的行政组织设计　// 16
　　第一节　行政组织设计六要素　// 16
　　第二节　行政组织结构的办公基础　// 22

第二部分
企业行政办公制度与管理实操

第三章　企业会议与活动管理　// 29
　　第一节　企业会议具体工作　// 29
　　第二节　会议通知类型与流程安排　// 33
　　第三节　企业活动策划管理　// 45
　　第四节　企业会议与活动管理基本表单　// 53

第四章　企业接待与宴请管理　// 72

第一节　企业的门面，前台接待管理　// 72

第二节　企业公务接待管理　// 76

第三节　企业接待与宴请管理基本表单　// 85

第五章　企业行政公文与合同管理　// 98

第一节　行政公文管理工作　// 98

第二节　企业合同管理　// 115

第三节　行政公文与合同管理基本表单　// 121

第六章　企业财物与行政经费管理　// 142

第一节　企业办公用品管理　// 142

第二节　企业办公设备管理　// 146

第三节　企业行政经费管理　// 149

第四节　企业财物与行政经费管理基本表单　// 155

第七章　企业客户和公关管理　// 167

第一节　客户关系管理概述与战略管理　// 167

第二节　企业公共关系管理　// 175

第三节　企业危机管理　// 179

第四节　企业保密工作管理　// 186

第五节　企业客户和公关管理基本表单　// 194

第八章　企业总务后勤管理　// 205

第一节　企业后勤管理制度　// 205

第二节　安全管理制度　// 212

第三节　车辆管理制度　// 217

第四节　环境卫生管理制度　// 219

第五节　企业总务后勤管理基本表单　// 224

第一部分
企业行政管理综述

第一章　各岗位办公人员职权管理

第一节　办公室文员工作管理内容

企业文书管理要点

文书指的是公司在运营过程中使用的各类文件，对其进行管理是办公室文员工作的重要内容之一。为了确保公司文书管理工作规范化、标准化，提高文员的工作效率，公司应当明确文书管理人员的责权范围、工作流程与工作要求。

文书管理要点主要体现在以下七个方面。

1. 文书的形式。

文书的形式包括红头文件、公告、合同、通知、通告、报告、立项申请书、会议纪要、传真、函、人事令、签呈、工作联系单、制度等专用文书。以上形式，我们会在后面章节进行具体讲解。

2. 行文程序。

行文程序包括拟稿、部门核对、签发、校对、登记编号、发文和签收登记。

拟稿工作需由承办人员起稿，由各部门、科室的负责人进行审核。文稿必须是打印稿，且要符合公文种类的格式规范。行文程序会在后面章节作具体解读。

部门核对工作由经理负责，如文件内容牵涉其他部门，则移交其他部门会签。

文件签发需要有领导的签字同意，且领导需明确签署姓名、日期和意见。

文件的校对、登记编号、发文都是行政单位的工作。

文件需要进行签收登记，如文件是以电子邮件形式发送，则需有已发邮件记录确认。

3. 文书的保密程度与紧急程度。

文书的保密程度主要分为一般、机密和绝密三类，文书的紧急程度主要分为一般、加急和特急三级。

公司的绝密文件、资料及物品，任何人不得私自摘抄、收发、复制、带出和透露，为此，公司需要提前与涉密和可能涉密的员工签订《保密协议》。

4. 行政文件、合同的编号工作。

文书的密级和紧急程度不在编号中体现，仅通过加密图章和禁忌图章进行标识。

5. 文书的审批。

仅涉及本部门、科室的非签呈公文，在各部门、科室最高主管签准后即可下发；涉及多个部门、科室的非签呈公文，则需递送总经理签准后才可下发。

6. 文书的传阅。

文书的传阅需要在一定范围内进行，各部门、科室的相关人员传阅后，需要及时在文书上签名并标注阅件日期。

7. 文书的立卷、归档。

所有具备查考价值的公文，在办理完毕后需要将原稿交给本部门的公文管理员进行归档。实物资料要放置在专门的文档柜中，电子资料要存放在部门指定的计算机硬盘里，且每月要用移动硬盘统一拷贝一次。

企业印章管理要点

企业印章管理是文员的另一工作重点，在解读管理要点前，我们先来认识一下企业要用到的印章。

企业印章共有两种，一种是公章，另一种是私章。按照用途划分，企业印章又可分为以下五种。

1. 规范名称章。

规范名称章就是我们日常提到的"企业公章"，它是一个企业用于内外事务的重要印章，且在所有使用领域中都存在法律效力。但需要注意的是，发票上只能加盖发票专用章，不能加盖公章。

2. 发票专用章。

发票专用章是企业开具发票时加盖的印章。

3. 财务专用章。

财务专用章又称作"银行大印鉴"，主要用于企业票据的出具。在财务领域，财务专用章与规范名称章具有相同的法律效力。企业出具的支票都需要加盖财务专用章方可生效。

4. 合同专用章。

合同专用章就是企业签订合同时需要加盖的印章。在合同领域，合同专用章与规范名称章具有相同的法律效力。

5. 法定代表人章。

法定代表人章常被称作"银行小印鉴"，做特定用途时，企业出具的票据也要加盖法定代表人章方可生效。

规范名称章、发票专用章、财务专用章、合同专用章都属于公章，法定代表人章则是私章。在了解企业印章种类后，我们再来看企业印章管理的要点。

首先，公司要建立印章日常保管制度。

公司印章需要采取分级保管制度，且各类印章都要由专人专责保管，印章保管员要注意妥善保管印章，防止印章出现损毁、遗失和被盗情况。

其次，公司要明确印章保管员的责任。

印章保管员需要按照公司规定保管印章，不得私自将印章外交，在使用印章时，印章保管员要对印章使用单签署情况进行审核，不能通过审核的印章使用单一定要及时退回。

最后，公司要强化印章保管员的管理意识。

印章保管员要有清晰的判断力，比如，印章与需盖章文件不相符时，要提示对方进行检查。再比如，在对方提出"先盖章后交单"时，要拒绝对方的要求，避免公司因印章问题而出现的风险。

企业档案管理要点

档案是企业信息的重要组成部分，档案管理工作也是企业信息管理的重要内容。

根据《中华人民共和国档案法》规定，档案就是指过去和现在的国家机构、社会组织以及个人从事政治、军事、经济、科学、技术、文化、宗教等活动直接形成的对国家和社会有保存价值的各种文字、图表、声像等不同形式的历史记录。

对于企业文员来说，对上述档案的管理内容主要有收集工作、整理工作和销毁工作三种。

1. 档案的收集工作。

档案的收集工作需要各部门、科室的配合，档案室管理人员需要对送来的档案进行鉴定甄别。最基本的方法就是直接鉴定法，鉴定人员需要逐张检查档案的价值，并从档案的作者、内容、名称等方面全面考查档案的价值。

在收集过程中，档案室人员切忌"多多益善"，一定要以"效益为先"，要确保存留的档案都是有价值的，否则会让以后的管理工作变得烦琐且无意义。

2. 档案的整理工作。

这一阶段的工作重点是对各类档案进行归档，使其条理化、秩序化。这一阶段的原则是"保持档案间的联系，充分利用原有的整理基础归档"。

下面是常用的档案归档法：

（1）保管期限分类法。

企业需要保管的档案通常分为永久和定期两种，定期又分为10年和30年两种。档案室人员可根据档案保管期限的不同，系统地将档案分为"永久""10年定期"和"30年定期"三类。

（2）组织机构分类法。

组织机构分类法适用于组织结构健全且稳定的大企业，如果是小型企业，则可使用"问题分类法"。

（3）年度分类法。

年度分类法是使用最广泛的分类法，就是按照不同年份进行档案归类。

（4）档案复式分类法。

档案复式分类法就是将各类办法组合使用，常用的有以下五种：

①年度—保管期限分类法。

②保管期限—年度分类法。

③保管期限—年度—组织机构分类法。

④组织机构—年度—保管期限分类法。

⑤年度—组织机构—保管期限分类法。

3. 档案的销毁工作。

档案销毁需严格按照审批制度执行，且销毁完毕后，必须在相应的案宗、登记簿等记录上注明该档案"已销毁"。

以上就是企业档案管理工作的要点内容。

企业会议管理要点

会议是大、中、小企业都会进行的重要内容。为了让会议顺利进行，企业需要制定相应的会议管理制度。有关会议的内容，我们会在后面章节进行具体讲解。此一部分主要讲解进行会议时，会议模块的负责人需要注意的管理要点，以及与会议相关的禁忌事项。

1. 会议注意事项。

（1）会议有无迟到现象。

（2）发言人的内容是否偏离会议主题。

（3）发言内容是否客观，有无不妥之处（如人身攻击等）。

（4）参会人员是否注意倾听发言人的发言，有无不合规矩的举动（如小声议论、玩手机等行为）。

（5）发言者的发言是否太过冗长，有无可能造成会议延时。

（6）参会的最高决策人是否能在规定时间内作出决策。

（7）决定会议延时后，有无参会人员表示不同意。

（8）会议有无做好相关记录。

（9）会议记录是否获得了参会人员的一致认可。

2. 会议禁忌事项。

（1）禁止没有重点的长篇大论，禁止超出个人发言时间后依旧滔滔不绝。

（2）禁止不懂装懂，胡言乱语。

（3）禁止全程谈论期待性、预测性事情。

（4）禁止选用不正确资料。

（5）禁止在该发表言论时沉默到底。

（6）禁止打断别人的发言。

（7）禁止对他人的正常发言吹毛求疵。

（8）禁止中途无可接受原因离席。

（9）禁止接打电话，手机要保持静音。

第二节　行政岗位说明书

秘书岗位职权管理

秘书是最常见的行政人员，在企业内外部运营中，秘书都是不可或缺的岗位人员。对于秘书的职权管理，我们主要从职责和职能两方面阐述。

1. 秘书的职责管理。

职责是秘书人员在进行活动时，所承担的辅助性工作内容。秘书的职责管理，就是要让秘书明白自己要做的事情都有哪些。根据日常工作进行划分，秘书的职责主要有以下 11 点，秘书的职责管理也要从以下这些方面进行。

（1）日常事务管理。

日常事务管理包括办公室管理、值班管理、印章管理、日程安排管理、通信管理等。

（2）接待事务管理。

接待事务管理包括来访人员的接待及服务的安排。

（3）会议事务管理。

会议事务管理包括对会议安排、会场布置、材料安排、会议服务等。

（4）行政事务管理。

（5）信访事务管理。

信访事务管理包括对顾客投诉的处理，以及对信件的处理等。

（6）调查研究事务管理。

调查研究事务管理包括信息收集，以及为领导提供可行性方案等。

（7）文书档案事务管理。

文书档案事务管理包括文书撰写、文书制作、档案管理、资料处理等。

（8）写作事务管理。

写作事务管理包括各类问题的撰写工作。

（9）协调工作管理。

协调工作管理包括政策协调、工作协调、地区协调、部门协调、人际关系协调等。

（10）督查管理。

督查管理包括督促、检查领导交代的工作，以及各项事情的落实。

（11）其他领导临时交代办理的任务。

2. 秘书的职能管理。

职能是秘书在职责范围内产生的功能，主要解决秘书工作"怎么做""如何做"和"为什么要做"的问题。相比职责管理，秘书职能管理所涉及的内容更加广泛，主要有以下四个方面。

（1）辅助决策职能。

辅助决策职能就是在领导决策过程中，在理论知识、技术能力、经验等方面为领导提供帮助。

（2）协调关系职能。

协调关系职能就是秘书人员要在自己的权责范围内，自主自觉地调整各项工作、各个员工与各个部门之间的关系，促进整个企业的同步化与和谐化，让企业能更好地实现目标。

（3）处理信息职能。

对企业来说，信息就是所有有价值的消息、情报、图片、数据和指令等，秘书人员要处理好信息的深层内容，做好信息的管理工作，并悉知各个信息间的关联性。

（4）办理事务职能。

办理事务，是让秘书人员遵照指示，处理与领导工作相关的日常工作。这部分内容具有综合性、烦琐性、服务性和突击性。秘书人员需要做好本职工作，也要随时随地为领导处理问题。

资料员岗位职权管理

按照种类划分，资料员可分为档案管理员和项目资料员两种。

一、档案管理员。

档案员需要按照公司制定的档案管理制度，对公司及下属各单位、部门、科室的档案进行业务指导工作，并协助相关部门人员进行档案的管理工作。

档案员的岗位职责主要有以下三点。

1. 建立收发档案。

（1）设定档案时，需要将档案分级分类，并按相关规定进行整编工作。

（2）建立各类归档资料，并设置好应存目录和分类目录。目录名册要放在档案的最前面，以便有需要的时候能尽快检索查阅。

（3）档案员要严格遵守相关保密规定，并准确及时地为公司提供档案管理服务。

2. 确保档案完整且有价值。

档案员要采取相应措施，保证档案的完整、整洁，要做好防火、防湿霉、防有害生物的工作。当发生档案损毁时，要采取方案及时做好修复工作，尽量将破损、字迹模糊、变质的部分准确补齐。当出现无法修复的文件时，要及时上报领导，看有无备份文件。

3. 定期对超保期档案进行鉴定与处理。

按照档案的保管期限，档案员要对超保期的档案进行甄别，编写好鉴定报告。除了领导批准销毁的档案外，档案员不允许擅自销毁档案，也不允许将超保期档案外传。

二、项目资料员。

项目资料员的职责较多，范围也比较广泛。施工项目的资料员职责是所有项目资料员中最多的，其他各项目的资料员的管理方式可以参照施工项目资料员的职责具体制定。具体来说，项目资料员需要做到以下几点：

1. 施工现场的各种资料、文件、图样等都需要资料员妥善保存。资料收集完毕后，项目资料员要负责建立该项目的工程档案。

2. 项目资料员要负责与相关部门、外包公司和监理方等对接资料，并负责相关资料的寄送、借阅与签收。

3. 项目资料员要及时处理项目往来的函件、报告、公文等，并按照工程项目与类别的不同，对各类资料进行归档和清理，并将处理结果上呈领导阅批后方可归档。

4. 项目资料员要收集、建立与该项目有关的文件、材料和设备资料等，便于为相关人员及时提供。

5. 按照建设主管部门与档案室的规定，项目资料员要负责检查、核对项目的资料，并将有价值的资料递送档案室。项目完成后，项目资料员要负责将所有资料的原件和项目报告上呈领导阅签。

6. 项目资料员要负责对每日收到的文件进行管理，要对技术类文件进行分类、归档，将电子文件放在移动硬盘里，且做到定期拷贝，以防丢失。

7. 项目资料员要参加相关工程的会议，并做好记录工作。

8. 工作中，项目资料员要严格遵守公司保密制度，并完成领导交办的其他相关工作。

文案人员岗位职权管理

严格来说，文案人员与策划人员是两种相互联系、又迥然不同的专业人员。文案人员虽要承担一部分创造性工作，但主要还是按照领导的要求完成相应工作，且文案人员属于行政部门，与策划人员归属的部门不同。按照工作内容划分，文案人员的职权管理主要有以下四个方面。

1. 文案人员的日常性职权管理。

（1）及时准确地完成领导指派的各项文案任务，支持策划部门、宣传部门及销售部门的工作。

（2）负责公司各类文案的撰写工作，对所有有价值的文案进行总结、跟进、分析。

（3）根据客户的需要进行工作，负责完成客户拜访、挖掘及投标工作。

（4）致力于产品的研究，跟踪公司各类广告、产品说明及活动说明，并建立相应的文案资料库。

（5）根据项目需要，参加公司规定的培训，并为公司提供全方位资料依据。

2. 文案人员的组织机构性职权管理。

（1）文案人员要负责与策划等相关部门对接，负责协助广告策划方案、公关方案、活动方案等文案的出台，并负责这些文案的撰写工作。

（2）文案人员要协助市场部门，推进并推广广告的编制和执行工作，分析与调查市场，编撰具体的市场广告方案并上报市场部经理审批；文案人员要负责对市场活动进行跟踪，并处理活动过程中所有与文案相关的问题与突发事件。

（3）文案人员要协助销售部门，收集并整理竞争者的广告促销信息，并为其撰写相关文案。

（4）文案人员要协助策划部门进行前期的市场调查与分析工作，并帮助策划部门撰写相关文案内容。

（5）文案人员要协助组织部门，对公司活动进行评估工作，并定期提交工作报告。

（6）文案人员要完成领导临时交办的组织机构性工作。

3. 文案人员的市场性职权管理。

（1）文案人员要负责维护公司的形象，要做到积极维护并宣传公司积极的一面，让公司的评价上升。

（2）文案人员要协调相关媒体的关系，防止有对公司不利的负面报道。

（3）文案人员要负责对市场部、门店等出台的促销方案进行修改、评估和总结。

4. 文案人员的创意性职权管理。

（1）在公司有大型活动时，文案人员要对活动进行创意性策划并落实。

（2）根据客户的要求，文案人员要负责撰写创意性内容。

（3）具备独立策划方案的能力。

（4）参与日常创意性工作。

人事文员岗位职权管理

人事文员是企业最常见的办公室岗位之一，主要负责公司的招聘活动，以及全体员工人事档案的相关管理工作。下面，我们就来解读人事文员的职权管理内容。

1. 人事文员要负责统计各部门招聘需求，并草拟相关招聘文稿。

2. 人事文员要负责员工的调查问卷，要跟进问卷的发放和收集，要将调查结果进行汇总并将结论上报领导。

3. 人事文员要负责考勤情况的统计汇总，要及时将员工的考勤表上报，并处理员工的考勤异常情况。

4. 人事文员要负责员工绩效的定期统计汇总工作并上报领导，针对绩效的考核方法，人事文员也要提出整改的意见与建议。

5. 人事文员要负责员工的薪酬发放工作，并对薪酬异常问题进行处理。人事文员要跟踪调查员工的薪酬政策，并提供相应的资料和报表。

6. 人事文员要负责员工的技能培训方案，并对员工的技能测评做出跟进与督导。

7. 人事文员要负责完成领导交代的任务，并对人事工作提出改进意见。

8. 人事文员要负责呈转和发放公司的人事文件。

9. 人事文员要负责解释公司的福利保险制度，并组织员工办理入保手续，联系员工办理退保、理赔等事务，人事文员还要负责草拟公司的各项制度章程。

10. 人事文员要协助人事部、行政部经理处理人事方面的其他工作。

11. 人事文员要负责协助主管，对员工进行面试等招聘工作，并负责员工从入职到解聘的手续办理。

12. 人事文员要负责跟进试用期员工的考核工作，要负责整理新员工转正的相关档案资料。

13. 人事文员要负责整理员工的晋升合同，并将相关文件递送档案室或在人事部资料柜存档。

14. 人事文员要负责公司关于人力资源信息的上传下达工作。

第二章 必须掌握的行政组织设计

第一节 行政组织设计六要素

可协调性工作

公司行政的可协调性工作,指的是行政部门要对公司进行协调,要引导公司、其他部门和员工,在利益、行动和时间上做出最大限度的协调,最后让公司达到预期目标。

行政组织的可协调工作通常有五个步骤,即找准问题、拟订方案、讨论磋商、跟进落实和检查反馈。按照这些步骤,我们不难看出行政组织协调工作的方法主要有以下几种。

1. 个别协调。

个别协调指的是行政部门单独与被协调的一方进行交谈,这种"做思想工作"式的协调方法主要适用于人际关系的初步协调阶段。

2. 信息协调。

信息协调指的是行政部门通过信息交流、文件传阅、资料传递、公告发布、布告张贴等方式,促进各部门及全体员工了解彼此意图的方法。

信息协调的方法适用于调解因误会、隔阂产生的矛盾。

3. 会议协调。

会议协调指的是行政部门以会议形式布置工作，这种方式可以有效协调各部门、各员工间的关系，让大家以最快的速度达成共识。会议协调可以提高公司的工作效率，避免造成资源浪费。

4. 计划协调。

计划协调是行政部门根据公司整体决策或计划而进行的协调方法，这种方式可以帮助公司更好地跟进和达成计划。

5. 文件协调。

文件协调指的是行政部门以书面形式，将文件进行正式下达。这种方式比较适合长远性、重大性的协调。

在协调过程中，行政部门要掌握一定的语言技巧。用好说服性、激励性、批评性的语言，这样才能抓住协调对象的心；在协调工作中，由于各部门所处位置不同，所以看问题的角度也不一样。这时，行政部门要试着换位思考，做到求大同、存小异；在协调时，行政人员要控制自己的情绪，遇到问题沉着冷静，这样才能做好协调工作。

行政协调是公司行政管理的重要职能之一，它强调了公司各部门、科室和员工的关系。所以，公司要采取行之有效的协调手段，才能让公司运营得更加游刃有余。

部门化工作

通过工作协调完成任务细化后，行政部门就需要按照类别，对工作进行分组，找到各个部门的可协调点，这样的工作就是部门化工作。

行政部门可以根据活动的职能进行部门工作分类。以制造业为例，制造业公司的经理需要将工程类专家、人事精英、采购部专家、制造精英和会计等划分到不同的部门，再让他们按照各自的职能，为公司的目标运转。

这种职能分组法的优点是能提高各个员工的工作效率，将专业技术、研究方向接近的人分配在同一个部门、科室，可以让公司更快速地实现规模经济。

还有一种部门化的方法，就是根据组织生产的产品类型来进行部门化。这种分组方法可以提高产品绩效的稳定性，也能让服务活动可以更自然地进行分工。

我们也可以按照地域进行划分。这点很好理解，比如最早的营销公司，通常都会根据地域进行营销，将区域划分为东、南、西、北四个部分，然后专业经营分片负责。

我们还可以根据部门化方法进行工作部门化。这种部门化的方法更适合于对顾客的服务以及产品的生产，比如，在某个产品的生产过程中，需要各个部门负责其中一个环节。比如，金属试管的生产过程：锻压部需要将金属坯料挤压成铝管，然后将铝管转送到试管部；试管部需要将铝管做成体积、形状都不相同的试管，然后将试管送到成品部；成品部要负责试管的切割、清洗工作，然后将试管送到质检部；质检部质检合格后，要将有合格标志的试管送到包装部；包装部在包装完毕后，要将试管送到运输部；最后由运输部运送至市场。

最后，我们还可以根据顾客类型将工作部门化。以销售公司为例，公司可以设置批发服务部门、零售服务部门和政府服务部门三种。

总之，行政组织设计要多些思路，也要结合公司的实际情况，这样才能设计出最适合公司的组织模式。

行政命令链

30 年前，命令链的概念几乎是行政组织设计的基石。时至今日，命令链虽然已经"跌落神坛"，但在设计组织结构时，管理者仍需考虑到这方面的意义。

命令链，一种不间断的权力路线，解决的是命令与报告的问题。命令链从组织最高层开始，逐渐向最底层延伸。领导靠命令链可解决"这个问题我找谁负责"，员工靠命令链可解决"有问题时我该找谁"。

在讨论命令链之前，我们要先解释两个辅助性概念。

第一，权威。

权威指的是管理岗位发布的命令，以及命令需要被执行的行为。为了促进这种行为，每个管理者都需要在命令链中巩固自己的位置，让自己的一切行为都带有权威性。

第二，命令统一性。

命令统一性是保持权威连续性的关键点。它意味着一个下属只能对应一个主管，不能让一个下属对多个主管负责，否则就会因为不同命令的冲突，以及完成命令的次序选择而影响效率。

随着时代的变化，管理者开始给下属以充分授权，这种授权模式开始模糊命令链的概念。不仅如此，发达的企业信息化也能让一个最基层的雇员，在几秒钟内得到最高层领导的决策。权威的概念开始淡化，命令统一性也就跟着弱化起来。除此之外，随着自我管理、多功能管理的盛行，命令统一性开始变得越来越无关紧要。

当然，行政命令链还是可以有效提高组织生产率的，不过，这种行政组织设计要素已经逐渐淡出管理者的视线，管理者也需要新的模式和方法来具体设计行政组织。

必要的控制跨度

控制跨度问题对企业来说是至关重要的，在很大程度上，控制跨度问题决定了一家公司要设置多少部门，要配备多少管理人员。在其他条件不变的情况下，控制跨度越宽，公司的组织效率就越高。但是，在某种程度上，过宽的控制跨度反而会降低公司的效率。因为控制跨度太宽，管理者就没有足够的时间和精力为下属员工提供领导和支持，员工的效率也会随之下降。

21世纪初，不管是大型公司也好，中小企业也罢，大家都认为管理者将控制跨度保持在5~6人是最佳的，因为在这种控制跨度下，管理者可以对员工进行严密的控制。

当然，这种最佳管理方案也有相应的缺点。

首先，大型企业的管理层会变得冗杂，其管理成本也会大大增加。

其次，公司的垂直沟通会变得更加复杂，随着管理者增多，决策速度反而会变慢，这样也会让最高决策层孤立出来。员工会只听从底层管理者的决策，而忽视最高决策层的决策，这样也不利于公司的整体管理。

最后，这种控制跨度会因为对下属监督过于严密，而让下属的自主性丧失，也会让公司的氛围发生变化。

近年来，最佳控制跨度的趋势已经变成10~12人。因为这种控制跨度可以降低企业的管理费用，也能让管理层尽快作出决策。将控制跨度适当加宽可以缩短与客户间的距离，增加灵活性，这也与适当授权给下属的管理模式相适应。

不过，为了避免员工因控制跨度加宽而导致效率降低的问题，管理者应该加强对员工的培训管理，这样才能让员工充分了解工作的意义，也能提高员工工作的效率。

集权和分权

在大部分公司中，决策都是由最高管理者制定的，低层管理者只负责执行高层管理者的命令和指示，这就是集权的表现。不过，一些公司也会将决策权下放给低层管理者，这就是分权的表现。

集权式管理与分权式管理从本质上来看是不同的，集权是让公司的决策权集中在一点上，比如公司最高决策只能由最高管理层作，再如一个项目的运行决策要让项目经理下达。也就是说，每个位置的员工都有自己固定的权力，如果公司最高管理层很少考虑基层人员意见，一般都是很快下达决策，那么这个公司的集权化程度就很高。相反，如果一个公司在作决策时喜欢让基层员工参与进来，帮助管理者作出决策，那这个企业的分权化程度就比较高。在分权式公司中，虽然决策不能尽快下达，但有更多人为决策提供建议，这样的决策会更加完善，员工也能更好地执行决策。员工参与决策，也能让员工与管理者的隔膜减少。

近年来，分权式决策的趋势是比较突出的，因为公司管理已经趋于灵活化、主动化。在大型企业中，管理人员更需要贴近基层，这样才能获取第一手资料，才能了解一线的实际情况，才能了解员工的想法和建议，这样制定出的决策才更符合公司的实际。

总的来说，集权化管理的优势是让决策能更快地制定，分权化管理是让决策更好地实施。行政设计时，管理者要充分考虑集权和分权的优势与弊端，这样才能根据公司的实际情况，具体制定适合自己的组织发展模式。

正规化工作

所谓正规化工作，就是公司中有关员工工作实行标准化的程度。如果一种工作的正规化程度很高，就意味着负责这项工作的人，对该工作的内容、时间和工作手段等都没有多大的自主权。比如，流水线工人的工作是高度正规化的，他们没有自主权，也不用多大自主性，只需要以同样的方式投入工作，然后保证稳定、一致的产出结果即可。

在高度正规化的公司中，所有员工都有明确的工作责权说明，且要面对繁复的规章制度。可正规化程度较低的公司，工作执行者的日常安排就没有那么严苛了，员工也可以更灵活自由地处理自己的工作。由于个人灵活性与工作正规化成反比，所以，工作正规化的程度越高，员工能决定自己工作方式的权力就越小。但是，员工无须考虑其他行为与选择，工作的整体效率就很高。

企业要根据自身性质与工作内容来选择适合自己的正规化程度，比如，书商、出版商代理人的工作自由许可权就比较大，因为他们的推销、代理用语没有绝对统一的标准，在行为约束上，也只是按周上交推销报告即可，所以，这类公司的正规化工作程度是比较低的。再如，出版单位的编辑、职员，他们需要严格按照"朝九晚五"的制度上班，且要遵守一系列详尽的规章制度，这就是正规化工作程度较高的公司。

总之，每个企业在经营内容、运营模式等方面都是不同的，在设计行政组织时，管理者要将这部分加以考量，以选出最符合公司发展的组织模式。

第二节 行政组织结构的办公基础

行政组织结构的常见形态

除了物质要素外，一个公司的各个构成部分间还存在着一些相对稳定的关系。这些稳定关系可以分为纵向的等级关系和沟通关系，以及横向的分工关系和沟通关系。公司纵向和横向的关系，共同构成了组织形态。

公司的组织形态取决于管理层次与管理幅度。所谓管理层次，就是公司纵向管理系统所划分的等级数；所谓管理幅度，就是主管能直接监管员工的数量。管理层次与管理幅度的关系，决定了两种基本的组织管理形态，即扁平结构形态和锥形结构形态。

1. 扁平结构形态。

扁平结构形态指的是公司规模已定，但管理层次比较少的一种组织结构形态。虽然管理层次少，但这种组织形态更能缩短上下级之间的距离，能让信息更快地传递，能让员工有更多的自主性，也能减少公司的管理成本。不过，上级若管理太多员工，就会出现管理失控的情况，也会让同级员工的交流变得更加困难。

2. 锥形结构形态。

锥形结构形态指的是管理幅度较小，但管理层次较多的"金字塔式"结构，在锥形结构形态中，领导能给员工带去更多指导，上下级之间的交流也比较方便。但锥形结构形态会遏制员工的积极性，过多的管理层次也会增加公司的管理成本，还可能出现信息失真。

在行政组织结构的常见形态中，扁平结构形态和锥形结构形态都是各有利弊的，大家需要结合公司的实际情况，具体考察要选择的组织结构类型。

如果是大型公司，管理者可以采用锥形结构形态管理公司，因为大型公司能负担得起多层次的管理成本，"金字塔式"结构也能让员工心中形成鲜明的等级概念；如果是中小型公司，管理者可以选择扁平结构形态的行政组织结构，这样既能节约成本，也能让员工参与到公司决策的讨论中，对公司未来的发展也是有一定好处的。

行政组织结构的常见形式

行政组织结构的常见形式主要有以下六种。

1. 直线式。

直线式组织结构是最简单的组织结构形式，它没有专门的职能机构，通常是由各级领导者进行统一管理。

直线式组织结构的优点是结构简单，权力集中，责任明确，领导者可以快速作出决策；直线式组织结构的缺点是没有职能机构或人员为领导服务，在大型企业或生产较为复杂的企业中，领导时间有限。所以，直线式组织结构只适合中小型企业，或生产比较简单的企业。

2. 职能式。

职能式组织结构是在各级领导下，按照职能的不同设置职能部门或职能人员，如人事部、财务部、销售部、会计、法务人员、秘书等。各职能部门和职能人员需要服从领导的指挥，但他们也有权利在自己的业务范围内向下属部门或员工下达指示。

职能式组织结构的优点是管理工作比较精细，能减轻领导的工作负担，能适应日渐复杂的企业管理与企业生产；职能式组织结构的缺点是容易形成"多头领导"，公司秩序纪律容易混乱，各部门间的通力合作比较困难。所以，职能式组织结构同样只适合中小型企业，或生产比较简单的企业。

3. 直线职能式。

直线职能式组织结构，又叫生产区域式组织结构或直线参谋制组织结构，它是在直线式和职能式的基础上进行改进，糅合了两种方式的组织结构形式。直线职能式组织结构将企业管理机构与人员分成了两类：一类是直线领导机构和人员，他们会按照各级组织行使指挥权；另一类是职能机构和人员，他们按照专业化原则从事各种职能管理工作。

直线职能式组织结构的优点是既保证了公司管理体系的集中和统一，又能充分发挥各专业管理机构的作用；直线职能式组织结构的缺点是职能部门之间的协调性较差，容易发生矛盾，各部门效率也比较低。直线职能式组织结构适合的范围较广，目前，很多公司都采取直线职能式这种组织结构形式。

4. 事业部式。

事业部式组织结构是一种高层集权下的分权模式，也是一种分级核算、自负盈亏的组织结构形式。举个例子，有些企业会按照地区或产品类型的不同，具体成立若干个事业部。这些事业部从产品设计、原料采购、产品制造到最后的产品销售、产品售后等，都是由各个事业部各自负责的，企业总部只保留预算、决策和监督等大权。

事业部式组织结构的优点是能适应业务的多元化需求，有利于个体潜能和个人技术的最大限度发挥；事业部式组织结构的缺点是分权过于严重，有时候，高层管理人员会失去对独立部门的控制。所以，事业部式组织结构适合在变化迅速的生产经营类企业中实施。

5. 矩阵式。

矩阵式组织结构是为了改进直线职能式缺乏弹性的缺点而出现的一种组织形式，它在职能部门的基础上，设置一些专门做项目的项目组。这些项目组是临时组建的，包含各单位、岗位的相关人才，可以从事生产工作、开发工作、销售工作等。完成任务后，项目组即可解散，相关人员回原单位或岗位继续工作。

矩阵式组织结构的优点是灵活机动，目标明确，能加强不同部门间的配合；矩阵式组织结构的缺点是各部门难以调和，成本、利润等责任不明。矩阵式组织结构适合以实验为主体的单位。

6. 多维立体式。

多维立体式组织结构是矩阵式组织结构的进一步发展，具体可按产品、职能和地区划分中心。

多维立体式组织结构的优点是能更好地协调各部门发展；多维立体式组织结构的缺点是成本太高，决策太慢。多维立体式组织结构更适合跨国企业或者大规模的跨地区企业。

各企业可以根据自己的实际情况，具体选择组织结构。

行政组织结构的设计程序

企业组织结构设计需要按照正确的程序进行，这样才能让组织的效率更高。通常情况下，行政组织结构设计需要按照以下八个步骤进行。

1. 确定组织设计的原则与基本方针。

确定组织设计的原则与基本方针是组织设计的第一步，它需要根据每个企业战略目标、外部环境和内部条件具体确定。比如，企业的管理幅度要设置得宽一些还是窄一些；再如，公司要施行集权制还是分权制等。

2. 进行职能分析和职能设计。

组织设计的第二步就是根据企业的战略目标设计职能，具体内容可概括为三个方面：基本职能设计、关键职能设计、职能分析。

3. 业务流程设计。

业务流程设计是组织结构设计的开始，只有总体业务达到最优化，才能让公司组织变得高效化。在组织结构设计时，企业要对每项业务流程进行对比，继而选择最优的业务。业务优化流程的标准是流程短、岗位少、人员少、费用少。

4. 按照优化原则设计岗位。

岗位是组织结构的基本单位，也是业务流程的节点。岗位的划分要适度，既要考虑流程需要，也要考虑管理需要。

5. 规定岗位输入、转换和输出。

岗位是工作的"转换器"，其作用就是将输入的业务进行加工，转换为新的业务输出。

6. 岗位人员的定质与定量。

岗位人员的定质就是考察该岗位所使用人员的素质，因为员工的素质不同，其效率肯定有所差别。如果公司对岗位人员定质太高，就有可能造成人员浪费；如果公司对岗位人员定质太低，就无法保证正常业务活动和工作效率。定量是公司要考察该岗位所需人员的数量，在一些关键岗位，人员的质量比数量更重要。

7. 设计控制业务流程。

公司需要按照流程的连续程度以及工作量的大小来具体确定岗位的各级组织结构。

8. 反馈与修正。

在组织结构运行过程中，公司很可能会发现设计不足的地方，而且也会有新情况不断发生。所以，企业要经常进行反馈和修正，使之不断适应新情况。

第二部分
企业行政办公制度与管理实操

第三章　企业会议与活动管理

第一节　企业会议具体工作

企业会议划分

根据举办会议的公司不同,其会议性质也在划分上不尽相同。总的来说,公司会议可以具体分为三大类——公司类会议、协会市场类会议和其他会议。

首先,我们来看公司类会议。

公司类会议是单位会议中最常见的会议,其规模大小不一。一些大公司的大型会议可能达到上千人,但小型会议却仅有数人。公司类会议主要是由管理者自上而下传递信息,所以,公司内部最便捷的传递信息的方式就是会议。

公司类会议的类型众多,具体可分为经销商会议、销售会议、管理者会议、技术会议和股东会议等。在相关机构进行会议统计时,最难统计的便是公司类会议。因大部分公司并不愿意将内部会议内容外传,所以被纳入统计资料的会议仅是"冰山一角"。

公司类会议的主题通常有管理、协调与技术等。

其次，我们来看协会市场类会议。

协会市场类会议在所有类型的会议里同样重要。按照协会的人数、性质和市场的不同，可以分为小型地区性组织、省市级协会、全国性协会以及国际性协会。

从协会的性质方面划分，大致分为公司专业和科学协会、公司行业协会和公司技术协会等类型。其中，公司行业协会是企业协议会议中最值得争取的市场之一。

参与企业行业协会会议的成员，绝大多数都是业内的成功管理人士，因此，这类会议通常与展览联合举办。比如，我国大部分城市，每年都会定期举办"旅游交易会"，这种会议将吸引大批来自全国各地的旅游型企业参与。

最后，我们来看其他会议。

举办这类会议的典型代表是政府机关机构和国企工会会议，关于这类会议的召开要求很严，且条件较好。

在省市一级，中小规模的国企工会或政府机构所召开的会议相对频繁。根据会议的规模大小以及参会人数的多少，将其分成小型会议、中型会议、大型会议及特大型会议。

如果按照单位会议的活动特征进行划分，可以划分成商务型会议、度假型会议、展销型会议、专业学术会议、培训会议等。

商务型会议指的是一些公司因业务与管理方面的发展，需要在酒店召开的商务会议。在通常情况下，出席商务型会议的人员素质较高，是公司中担任管理者或技术人员的专业人士。这类会议对酒店的设施、环境和服务要求都比较高，且消费标准高。对于这类会议，在选择场地时，通常选择与公司消费能力一致或更高层次的饭店，如中小型企业通常选择当地经济实惠的酒店，大型公司与跨国公司通常选择当地最高星级的酒店等。这类会议的特点是效率高，会期短。

度假型会议指的是公司利用周末假期，一边带领员工在景区疗养院等地度假休闲，一边参加各类会议。这类会议可以增进员工间的了解，也能提高公司的凝聚力，解决公司面临的问题。这类会议通常选择在名胜地区的酒店或疗养院，也会安排足够的时间让员工进行疗养。

展销型会议指的是公司为了考察或推广产品而举办的产品交易会、展销会、展览会等各类会议。在通常情况下，参会者都会入住开会的酒店，且住店时长与展览会期相当，一般为1～2天。同时，展销型会议还会在酒店举办诸如报告会、谈判会、招待会及签字仪式等活动。有时晚间还会有娱乐消费。另外，某些大型公司还能单独在酒店里举办展销会，且整个展销活动都在酒店完成。这类会议以大型公司及政府组织为主，通常以考察学习、文化交流等形式出现。

专业学术会议指的是在某一领域内，具备一定专业技术的专家聚头交流的会议。比如，各大企业联合举办的专题研究会、专家评审会等。

培训会议指的是用一段时间，专门对某个行业内的专业人员或新人，进行业务知识方面技能培训的会议。培训类会议通常采用讲座、演示等形式，将新观念、新技能、新知识等传授给相关人员。

不管是哪种类型的会议，都会有或多或少的参会者参与。因此，不同的会议，其规模大小也不尽相同。一般来说，出席人数不超过100人的，称为小型会议；出席人数在100～1 000人的，称为中型会议；出席人数在1 000～10 000人的，称为大型会议；出席人数在10 000人以上的，称为特大型会议，这种会议很少，通常为龙头公司的节日聚会或庆祝大会等。

企业类会议工作管理

为了让公司会议管理更加规范有序，也为了提高企业会议的质量和效率，公司应当制定一系列会议管理制度。无论是董事会、总经理办公会、公司例会、部门工作会、跨部门交流会、活动会、报告会，还是员工大会等，都需要按照会议管理制度进行。

需要注意的是，公司举办的大型活动，如庆典等不在会议管理制度范围内。因为活动型会议是需要按照策划方案执行的。

公司会议工作管理制度是由行政部门负责起草、监督、执行、修订与完善，且由总裁或总经理负责督办审批的。当然，公司其他部门的员工和管理者也需要对会议工作管理制度提出完善意见和建议。

一般来说，公司会议工作管理制度会作如下规定：

董事会：时间要依靠相关章程决定；地点可选在租用会议厅，也可使用专门的会议室；议题为研究审查公司的经营计划、预算，审批公司的计划、方案和报告，听取工作报告，协商和解决公司在经营中面临的重大问题等；会务为行政人员与指定人员；主持人为董事长或受董事长委托的人员；参会人员为公司各董事、监事、部分高管和公司指定人员；通知方式为公函、电话、短信或邮件。

总经理办公会：时间为定期或不定期；地点可选在租用会议厅，也可使用专门的会议室；议题为通报董事会决议，审批公司经营计划、业务流程和管理制度，解决经营中重大问题等；会务为行政人员；主持人为总经理、副总经理或受委托人；参会人员为各部门高管、各项目负责人和公司指定人员；通知方式为电话、短信或网络。

例会：时间为每周固定时间；地点可选在租用会议厅，也可使用专门的会议室；议题为总结与安排工作，贯彻决策与决议，听取参会人员报告，对每周出现的问题进行总结与解决；会务为行政人员；主持人为总经理、副总经理或受委托人；参会人员为各部门负责人；无通知。

部门工作会：时间要视部门情况具体确定；地点可选在租用会议厅，也可使用专门的会议室；议题为总结和安排部门工作，宣传决策，组织培训管理，听取报告等；会务为部门领导指派的人员；主持人为部门领导；参会人员为部门人员；通知方式为电话、短信、网络。

跨部门沟通会：时间不定期；地点可选在租用会议厅，也可使用专门的会议室；议题为商讨部门间所需协调配合的事情，解决部门间存在的问题等；会务为发起跨部门沟通会的负责人；主持人为各部门综合选定的人员或公司指派人员；参会人员为各部门相关人员；通知方式为电话、短信和网络。

专题会议：时间为不定期；地点可选在租用会议厅，也可使用专门的会议室；议题为听取负责人报告，接受参会人员提问与指导，审查批准涉题方案等；会务为所涉部门的指定人员；主持人为所涉部门的负责人；参会人员为所涉人员；通知方式为电话、短信和网络。

全体员工大会：时间为半年一次、一年一次等；地点可选在租用会议厅，也可使用专门的会议室；议题为宣传和贯彻公司决策，高管与员工代表发言，表彰先进员工或团队等；会务为行政人员或公司指定人员；主持人为总经理或副总经理；参会人员为全体员工；通知方式为电话、短信和网络。

工作汇报会议：时间按照上级要求确定；地点可选在租用会议厅，也可使用专门的会议室；议题为向上级汇报工作成果与工作问题，听取下一步工作安排，听取上级工作指示与要求等；会务为公司指派人员；主持人为上级主管；参会人员为相关人员；通知方式为电话、短信和网络。

第二节　会议通知类型与流程安排

会议前准备工作

很多行政人员都有这样一个误区——会议前的准备工作就是把"要开会了"的通知发下去。其实，这种简单的想法就是会议总出现纰漏的原因。

那么，会前准备都需要做些什么呢？下面我们来具体看一下：

首先，当行政人员收到会议举办通知时，要先询问清楚会议的类型与具体的服务要求，在确定这两点后，再将具体的安排转告给会务人员，方便会务人员做好会前准备工作。

其次，提前确定参会人员人数名单，并根据预期的参会人员具体调整会议规模。大型会议需要使用大会议室，也可以租用宴会厅（如租用宴会厅要提前提出申请，并联系财务商量拨款或报销事宜）开会。选定参会地点后，要提前去会场检查各项设备设施，尽量减少可能出现的问题。对会务人员来说，他们只要直接发送会议通知给参会人员并收取回执即可，不用询问每名员工，否则只会事倍功半。

再次，会务人员要在上级领导批准后，着手草拟会议议程，并将会议议程分发给所有参会人员。所谓会议议程，就是展开本次会议的内容概略。在会议议程中，应具体包括会议的主题、时间、地点、内容等。切记，会务人员要在开会之前将会议议程及时传达给参会人员，不要出现"没有通知到"的情况。

最后，合理安排会议需要的工作人员。会务人员在选择会议上的工作人员时，一定要遵循以下四点标准：

第一，仪容仪表要端正。

工作人员需做到着装统一整洁，不穿拖鞋、响钉鞋；负责接待的人员短发不能遮眼，长发需梳成马尾辫或盘成发髻挽在脑后；女工作人员需化淡妆，不浓妆艳抹，不佩戴首饰；坐姿、站姿都要规范端庄，禁止跷腿抖腿。

第二，语言要规范。

工作人员的语调应温和亲切，音量适中，使用普通话交流，不要出现方言俚语；话语要做到文明礼貌，需使用"您好""您请用""请""谢谢""对不起""没关系"等礼貌用语；对参会对象主动打招呼，禁止漫不经心、粗言粗语、大声喧哗。

第三，态度要良好。

工作人员需敬业、勤业、乐业，精神饱满，彬彬有礼；服务时要做到微笑服务，态度诚恳、热情、周到；如遇到工作差错失误要及时纠正并当面赔礼道歉；向服务对象解释问题时要做到有礼有节。

第四，纪律要严肃。

工作人员在会议服务前不吃异味食品；不在会议期间使用电话；服务过程中注重仪表仪态；严格遵守职业道德。

会议的具体准备工作

在会议召开的前一天，会务人员要通过电子邮件、电话和短信等形式，从各参会人员处取得回执。其目的是确定参会人员收到了会议的时间、地点及其他具体注意事项，也是为了跟进参会人员的实际出勤人数。

在重要会议召开前，会务人员应做几次彩排准备工作，防止正式会议上出现问题。如果在会议期间，有演讲环节或需要使用电子文档演示的环节，会务人员则需保证使用者的稿件及电子演示文档的格式规范统一，并多次测试投影仪和话筒，保证电子设备使用正常。

当有招待类需求的会议召开时，会务人员需提前一天采购好水果及饮品，如需使用鲜花，则要提前一天联系好，尽量在开会前 1~2 小时送到现场。会务人员在采购相关会议用品时，要根据参会人员的实际数量合理购买，但通常要预备的份数多些，以免出现紧急情况令人措手不及。

如果在会议结束后，公司有另外的活动安排（如餐会等），会务人员则需提前确定活动时间与场所，并根据公司的预算金额来拟定活动和菜单，活动所需的酒水饮品也需要提前从他处进行采购。如需使用车辆，会务人员要提前联系后勤或车管人员，在活动当天把公务车辆空出；如果公司没有公务车，则会务人员需要提前订好所需车辆。

会务人员应按照参会人员名单制作名牌，名牌的要求是以红底纸张作基础，上面书写单位名称、参会人员姓名及职位。名牌制作时要注意文字大小，名牌的纸张裁剪规格为 8.5cm×15.11cm（并不是唯一标准，可提供三种以上规格备选），使用双面三脚架摆放名牌。

另外，会场的座次安排也是有讲究的：

首先，座次安排要分清主次，特别是有贵宾参与的会议。其次，小规模会议的座次安排更要妥当。最后，座椅的数量应按出席人数摆放，并多预留 2~4 位。

在会场的布置方面，会务人员需要检查会议室的卫生情况，如桌子、椅子、地板、地毯、杯子、水壶等物，以确保会议室和会议用品的清洁整齐。会务人员还需根据参会人员的人数，提前摆放好演讲要用的桌椅、横幅、会标、名牌、签到桌、指示牌、果盘、笔本、会议议程以及其他要用的文件。

会务人员可以采用拉线的方式，保证桌椅等会议用品的摆放整齐。在摆放花卉花束时，会务人员也要把握好尺寸，如椭圆长桌的中间空地需要有大面积花卉，在会议室角落和会议桌上，也需要订做鲜花花束，但不可过大过高。花卉颜色的选用，可按照会议的主题决定。

会务人员需根据会议议程，合理安排发言人、领导人的讲话次序，其他会议物品以及是否需要音乐、是否需要投影仪等，及时检查确保所需物品的齐全，做好会议前的准备工作。

会务人员需要根据发言人位置，摆放和调试话筒，确保话筒的位置高低、效果及接口等符合发言人的需求，确保话筒使用及音量正常。如在会议过程中需要音乐，会务人员需要提前试播，确保能正常播放。

高级会议所需物品要按以下要求摆放：

在参会人员座位的正前方，需要将名牌与座次牌按顺序摆放，参会人员右手正前方的茶水杯需将杯把旋转到右侧 45°，靠近水杯位置需摆放消毒湿巾或毛巾。在参会人员的左手前方，可放置瓶装矿泉水及水果瓜子，以防领导不喝茶水。

在参会者桌子的正前方，需要摆放会议议程、笔记本、会议资料及其他与会议相关的纸质文件，要注意桌面整齐划一，不可过于拥挤、杂乱。右侧则摆放黑色签字笔。

在会议开始前的一个小时，会务人员要保证会议中所需热水充足，在会议进行时，也要注意始终将茶壶水壶蓄满。

会务人员进行准备工作的检查，需要至少提前一小时，以便检查会场的整体效果，确保各项工作到位。

准备工作完成后，会务人员需要确认场外有无参会人员签到处。签到处需要设置在入口最明显的位置，现场工作人员应双手自然交叠在腹前，面带微笑地恭候参会人员光临。

距会议室门 2m 处，工作人员需要主动拉门让参会人员进入，并根据对方不同的身份和年龄，使用相应的敬语问候，同时注意"早上好""下午好"等文明用语的使用。

让会议圆满，你需要做的几件事

让会议圆满进行不仅是行政人员的愿望，也是企业管理层的目的。因此，怎样让会议圆满进行，如何让会议更有效率，就是企业办公管理的重中之重了。

第一，会议要有一个吸引人的主题。

一个会议是否能引起重视，主要看会议的主题是否是大家想要参与进来的。所以，怎样将会议设置得吸人目光就成为会议能否圆满完成的必要前提。

第二，会议召开前，要简单罗列几个会议要点。

给会议赋予主题，就等于告诉参会的各位：这场会议是开放性讨论会议，是一个有目的的会议。但是，一场会议要讨论的通常不止一件事，就算是一件事，通常也不会只讨论其中一个步骤。所以，准备与会的人员，要根据会议的要点提前准备自己的发言，最好列一个模板，这样一来，大家在会上讨论时才可以快速有效地进行。

第三，会议的每个讨论点，都要进行时间限制。

这点很容易理解，如果不给讨论点设置时间限制，那会议就会无限期开下去，因为每个人都有自己的观点和计划，且人们很难接受其他人的想法和观点，但会议总要有个结束的时间，总要讨论出一套可行的方案。所以，会议的每个讨论点都要有一定比例的时间限制，时间到后自动进入下一个讨论点，最终决策由该会议的最高管理者来选择和制定。

会议主持人可以在时间限制前5分钟给参会人员一个提示，让大家尽快进行讨论。在时间限制前1~2分钟时，主持人要询问与会的最高管理者是否作出决策，能否进行下一个环节的讨论。

第四，会议临近结束时，要有一个总结性发言。

无论是谁负责会议，都要做好相关会议记录，这样才能为将来的日程、项目等提供笔记。负责记录会议的工作人员，或本次会议的主持人，或本次会议的最高管理者，要负责在会议结束前进行一个总结性发言，给参会的各位展示本次会议的讨论结果。总结性发言除了结尾用途外，还可以让各位参会人员对这份记录查漏补缺，让会议记录更加完善。

不同会议中不同的通知方式

汇报会议通知

××公司关于召开服务工作会议的通知

直属公司的各厂区：

我司决定于12月10日召开××公司第四年度物资工作会议。现将有关事项通知如下：

一、会议时间：2020年12月10日至14日，会期5天，12月9日18点前报到。

二、会议地点：北京××宾馆（北京××区××路×××号）。

三、会议内容：

1. 总结 2020 年服务工作经验，进行经验交流和表彰奖励。

2. 部署 2021 年服务工作内容。

四、参加会议的人员名单见附表。不能参会的人员，请于 2020 年 11 月 20 日前上报公司经理部。

五、9 月 9 日报到当天，公司在首都机场进行全天接站。乘坐火车的人员请坐车到北京西站，并凭传真、电话乘坐公司车辆。参会人员请于 8 月 28 日前，将到达日期及所乘车次、航班告知公司经理部。

六、请各单位按会议内容做好以下准备：

1. 本单位贯彻落实总公司实行统一组织订货的做法、经验、体会。

2. 对进一步深化物资流通体制改革的意见和建议。

3. 本单位 2021 年物资需求计划。

七、联系人：李某

联系电话：13××××××××

传　　真：××××-×××××××

（××公司印章）

二〇二〇年十一月十八日

从示例中，我们可以看出不同类型的会议对参会人员有不同的要求，有些会议会在开始前就告知相关人员需准备汇报的材料。

对于汇报会议的通知，工作人员需要提前对参会人员进行通知，并要求企业与会代表准备相关汇报材料。只有给与会人员预留充足时间，才能有效提高汇报会议的质量。

比如，示例中的《××公司关于召开服务工作会议的通知》，其成文时间是"二〇二〇年八月十八日"，距离 9 月 10 日的会议召开还有 24 天，准备时间是非常充足的。

此外，这份《通知》还在正文部分交代了会议组织者、开会原因、开会场地及开会时间，同时具体到开会时间、报到日期、与会内容、参会人员名单、接站安排等，可以说是十分详尽。从中我们可以看出，该份《通知》属于复杂性会议通知。

告知会议通知

关于召开2020年皮草服装订货会函告

各用户单位：

我公司计划于2020年7月，于秦皇岛开展2020年皮草服装反季促销订货会。为保证会议顺利实施，现将有关事项函告如下：

一、会议时间：2020年7月15日至18日，会期4天。7月14日报到。

二、会议地点：秦皇岛××区××宾馆（秦皇岛市××区××路512号）。

三、参会名额：因会议场所与住宿条件有限，各参会单位选派的会议代表名额不得超过2人。参会人员名单请于7月5日前，以电子邮件或传真方式，将回执发送到我公司供销公司经理办公室。

四、接站安排：会议代表请在7月10日前，告知我公司供销公司经理办公室到达秦皇岛的日期及所乘车次、航班。7月14日当天，北戴河机场全天接站。乘坐其他时间航班飞机以及火车的则凭电子邮件、传真或电话通知接站（仅限北戴河火车站）。

五、资料准备：请各单位参加会议代表提前做好相关准备。请提前将贵单位2019年计划需我公司供应的产品种类、数量明细表，与贵单位参加会议人员名单回执一起通过电子邮件、传真发至或通过普通邮件寄至我公司供销公司经理办公室，以便我们及早做好产品供应平衡工作。

六、联系方式：

1. 联系人：卢某娜
2. 电　　话：18××××××××

3. 传　　真：××××—×××××××

4. E-mail：××××××××@163.com

5. 邮　　编：066000

6. 地　　址：秦皇岛市××区××路512号××皮草服装供销公司经理办公室

（××皮草服装供销公司印章）

二〇二〇年六月一日

从该《通知》中我们不难看出，这家服装公司关于正文部分的通知缘由、通知事项以及执行要求写得非常清楚，且该拟稿者替参会者和会议思虑甚为周全，并使用了电子邮件这类快捷、准确的联系方式。

这份《通知》不是上下级通知关系，所以只能用"函"告知有关事宜。因此，《通知》的标题"关于召开2020年皮草服装订货会函告"是十分恰当的。

此外，例子中的《通知》多次用到"请""贵单位"等敬辞，这样既凸显出双方的平等关系，也符合"函告"这一文种的特殊要求。

表格式通知

公司领导班子中心组学习通知

兹定于2020年5月8日进行公司领导班子中心组学习，具体事项通知如下：

一、学习时间：5月8日（星期五）上午8：00。

二、学习地点：公司大楼101-102大会议室。

三、主持人：刘喜副总经理。

四、参加人员：全体公司领导。

五、列席人员：组织部、宣传部、行政部、法务部、人事部各部长、副部长。

六、学习内容：

1. 企业的宗旨、使命、信念、价值观和企业文化。

2. 各个部门工作所必需的经验、知识和技能。

3. 时间管理与高效沟通技巧。

4. 激励管理与绩效管理。

5. 团队管理与领导艺术。

××控股股份有限公司办

二〇二〇年三月二十六日

很多公司都喜欢格式固定、出单快捷的表格式会议通知。就拿这份《通知》来说，其中的学习地点、主持人、参会人员、列席人员都是不必修改的内容，撰稿人只需将"学习时间"中的年、月、日、星期等作出改变即可。

因此，该表格可以直接简化为：

_____通知

兹定于_____年_____月_____日进行公司领导班子中心组学习，具体事项通知如下：

一、学习时间：_____月_____日（_____）上午_____。

二、学习地点：公司大楼101－102大会议室。

三、主持人：_____。

四、参加人员：全体公司领导。

五、列席人员：组织部、宣传部、行政部、法务部、人事部各部长、副部长。

六、学习内容：

××控股股份有限公司办

二〇_____年_____月_____日

将此表格打印后，需要时即填即成，接到该《通知》的人也能一目了然。

表格式通知以效率高、效果好深受秘书工作者喜爱，它也是企业内部经常使用到的通知之一。

邀请函式会议通知

邀请函

××公司：

兹定于2020年7月25日起在沧州市召开2020年建材工程座谈会，谨邀贵公司派1~2名代表参加。

具体通知如下：

1. 报到时间：2020年7月25日早8点。
2. 会议地点：沧州××宾馆（沧州市××区××西路××号）。
3. 会务费：300元/人。

请贵单位尽快回复与会代表名单，以便预订机票。

联系人：临沂××供销公司经理办马某伟

联系电话：13×××××××××

会议通知如果以邀请函形式出现，实际上是对会议起"通知"作用，这种邀请函比告知通知的内容简单，其标题也省略了发文机关名称，同时对通知的事情与内容也作了简化。这种通知是明确的"函"式通知。邀请函的正文拟写容易，简单明了，能把复杂的会议通知变为简单的函式通知，这类通知也给探索公文制作模式的人员提供了有益启示。

两个部门同时申请一个会议室怎么办？

在会议工作中，行政人员经常会碰到这样的情况——两个部门同时申请一个会议室。

这时，如果行政人员仅凭平日关系远近或个人喜好就随意决定，那就势必会造成一方不服，在日后引发矛盾。

那么，行政人员遇到这种情况应该怎么办呢？下面我们就来具体解读一下。

在两个以上部门同时申请会议室时，行政部门要遵守以下三个原则：

第一，内宾让外宾原则。如果在申请会议室的部门中，有用于外事接待工作的部门，则行政部门应优先予以审批外事部门。如果都是日常业务审批，则遵循其他审批原则。

第二，基层让高层原则。如果决策层领导主持的会议，与执行层或基层员工主持的会议同时来行政部门申请，则将会议室优先安排给决策层领导使用。如果是同层人员同时审批一个会议室，则遵循其他审批原则。

第三，临时让预约原则。提前预约会议室的部门，与临时申请使用会议室的部门如果发生冲突，则优先安排提前预约的部门使用。也就是说，如果不是外事部门的外事接待会议，也不是决策层领导的会议，那尽量提前跟行政部门预约想要使用会议室的日期，否则就有可能出现临时找不到会议室的情况。

会议室的预约主要由三部分构成：

第一，预约前期，提出申请的各部门可以使用预约登记表进行预约，在填写预约登记表时，要注意注明会议是否需要投影仪，是否需要准备茶水饮料，是否需要行政部门做好其他服务准备（如联系车、联系酒店、租用特殊设备、采购统一着装等）。

第二，变更预约，如果申请成功的部门想要将日期提前或延后，则需要及时通知行政部门，商量相关安排。如果是遇到要临时使用会议室的紧急情况，则需去公司行政部门报备，并提出紧急申请，由公司高层酌情审批。

第三，公司内，所有会议室都是由行政部门负责统一调配的。如负责保持会议室清洁的保洁工作人员，以及负责会议室灯光、投影灯设备正常运转的后勤或前台人员，都是由行政部门统一管理的。以上人员都需要配合相关部门做好会议工作。

在使用会议室时，行政人员也需告知相关部门人员相关的会议室纪律。比如，在会议室内要保持安静，不能大声喧哗吵闹；在使用会议室时，使用者要对相关设备设施负责，如有人员造成物品丢失或损坏，则一律按照原价赔偿；会议室禁止吸烟，禁止乱扔果皮纸屑，禁止摆放杂物；禁止在没有预约或告知行政部门的情况下随意占用会议室；在会议室使用结束后，要及时通知相关人员，对会议室进行清洁与整理。

第三节 企业活动策划管理

企业展会活动策划

做会议策划的人员都知道，进行展会活动策划的第一步就是选择合适的展会场地，并充分做好展会的工作安排。不过，在此之前，我们还要明确企业举办展会的目的，这样才能更好地策划这场展会。

企业举办展会的目的无非有以下几点：向公众宣传企业的形象、销售企业的产品、加强与用户的联系、观察市场需求、掌握市场的信息深度等。

工作人员需要根据举办展会的目的，选择合适的会议场地。考虑展会场地时，相关人员要结合人群流动的方式方向，具体选择最合适的展会场地。

选好场地后，相关人员要根据参展背景的专业性、权威性、国际性和品牌性等，来具体制定参展安排，其大致流程如下：

第一步，展前准备。

相关人员需要确定展会的主题及展位，然后根据主题来设计和搭建展台。在设计展台时，设计人员要突出展会的主题，同时强调个性，要力求在空间和氛围上带给观众一种亲和力与冲击力。在搭建展台时，要充分利用各种要素，如展台的材料、音响、光线和其他装潢用品等。如果是儿童类展品，设计人员可以加入当红的卡通人物元素；如果是电子产品，设计人员可以加入黑科技元素。总之，展会的目的是带给观众新鲜感，刺激大家的兴趣点，产生与展览者交谈或购买展品的愿望。

展会最重要的目的还是与客户签单，所以，展会可以提前安排些抽奖环节、歌舞环节等，提高客户和观众兴趣，促成合同的签订。

第二步，邀请客户。

除了当天流动的人群外，提前邀请精准客户也是展会的重要环节。

相关人员可以通过向客户发送特别邀请函的方式，请精准客户前来参加展会。对于收到邀请函的客户，工作人员可以在展会开始的前一天进行二次提醒；相关人员可以提前1~3天在广场、商场、步行街等人员流动密集的地方做宣传，宣传时可以准备些小礼品，如扇子、小镜子、纸巾、发卡等，并告诉大家展会当天还有精美礼品和抽奖环节。

第三步，展中促销。

在促销环节中，相关人员可以给当场签单的客户一定的优惠，或给他们一个有份量的礼品，如电动车、电磁炉、手机等（视签单金额大小具体决定礼品），让有意向的客户不再犹豫。

在展会开展过程中，相关人员还要格外注意细节，比如，工作人员要形象、气质俱佳，同时要统一着装、佩戴胸牌，这样才能给客户留下一个好印象。对来参展的客户，工作人员一定要热情接待，这样才能吸引其他客户到展位驻足。

相关人员可以拜访一下"同行"。这里的同行不是指同一种产品的企业，而是同一类产品的企业。比如，展销手机的可以拜访一下展销相机或平板电脑的同行，给他们推荐你的产品，并将样品留给对方几份，同时从对方处拿几个样品，起到资源互补的效果。

在展会上，经常会有同行的"探子"扮成客户的样子，一边打探价格，一边套取其他客户资料甚至是产品技术。所以，展会要请专门的安保人员，也要提前给工作人员培训，不要给任何人看客户资料与产品技术。

展会结束后，工作人员要对当天的客户进行归类梳理，并将当天的谈话内容记录下来，从谈话内容中分析产品的流行趋势，然后向公司决策层作报告，讨论新产品的开发和推广。

每日流程例表：

①7：30 工作人员吃早餐，并由负责人安排当日的工作，早餐完毕后，每个人领取自己当天要用的物资。

②8：30 准时到达展会地点，并去往各自的位置上。

③9：00～11：30 进行展会的招商或展销工作。

④11：30～13：00 负责人安排午餐、轮值或轮休。

⑤13：00～17：00 进行展会的招商或展销工作。

⑥17：00 进行物资清理回收，递交当日总结报告，并填写报表。

⑦18：30 如公司无其他工作安排，则工作人员可返家。

展会接待步骤例表：

①登记客户姓名、电话等，并由落实责任人签字。

②引导客户参观，并进行现场演示。

③向客户介绍公司的产品、优势及背景。

④向客户展示其他样机。

⑤在接待中，如有客户表现出合作意向，则将其引领至洽谈区促成合作。

⑥如出现客户当场签单的情况，音响、光线一定要尽力渲染，礼品

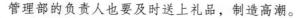

管理部的负责人也要及时送上礼品，制造高潮。

⑦客户表示再考虑时，可以礼貌周到地为客人发放资料、礼品，并将客户送到展区外，最好能预约下次合作的时间。

⑧在签到处记录有意向的客户，以及相关责任人。

企业庆典活动策划

对于企业来说，以周年庆为主的庆典活动是大部分企业都很重视的内容。所以，有一份参考价值极高的庆典活动策划方案是非常重要的。

在制定庆典活动方案时，行政人员需要策划的点按照先后顺序排列共有以下六个方面：活动背景、活动目的、活动内容、活动筹备、困难预想、费用预计。

活动背景。活动背景就是活动举办的前提，通常是为了庆祝公司成立×年，或表彰优秀员工，或感恩客户、投资商等，而特意举办的公司性庆典活动。

活动目的。活动目的是公司通过庆典活动，给受庆典方的福利活动。拿公司周年庆举例，其活动目的是展示公司的企业文化与企业精神，带着员工们回顾公司的发展历程，展望公司的发展未来，也给员工展现公司蓬勃的发展活力。通过聚餐、表演、游戏和抽奖等让员工可以亲身参与进来的活动，表达员工愿意与企业共同进步的愿望，也表达公司对全体员工的感谢。

活动内容。活动内容即活动具体流程的策划，还是拿周年庆举例，行政人员需要策划的内容：开幕式，文艺会演，优秀员工表彰、评选、演讲，抽奖等（这些内容无须全部都有）。下面我们来分别讲解每项内容的具体策划。

开幕式：

使用PPT或视频的方式导入，以此回顾公司的发展历程（此部分要包括公司创建伊始、公司重大事件、公司的里程碑事件、公司内部感人事件等），在 PPT 或视频播放完毕后，则由董事长上台致辞，对公司未来的发展进行畅想和规划，并带领员工一起展望未来。董事长上台致辞后，高管代表和员工代表也需上台表达自己愿与公司荣辱与共、携手并进的愿望。

文艺会演：

文艺会演通常由两部分组成——公司专门请来的商演人员的节目、公司内部员工或小组自发准备的节目。此环节，行政人员要注意提前在各部门征集要表演的节目，并将节目单整理好。在正式开始的前几天，要让参加文艺会演的员工按照节目单进行彩排并调试相关设备，以保证整个活动的顺利进行。

抽奖：

抽奖内容可以分几步进行。一些小型抽奖可以穿插在文艺会演中间，起到调节气氛的作用；一些大型抽奖则可以安排在庆典最后，以掀起一个高潮。

优秀员工表彰、优秀节目评选：

优秀员工表彰可以穿插在抽奖前后，也可以在庆典结束时安排所有优秀员工共同领奖。优秀节目评选可以采用裁判制和手机投票制，颁奖安排在优秀员工表彰后进行。

活动筹备。活动筹备要根据活动内容进行策划，比如，开幕式、抽奖、演讲等活动都有可能用到 PPT，所以策划人员要提前申请相关设备的租用，制作相应的 PPT，并在活动前就机器和幻灯片播放进行调试。除相关器材外，策划人员还需准备员工会演时需要的道具（员工申请则准备，不申请则由参演员工自行准备，一些特殊物品如乐器等需要由员工自行准备），以及各种奖品等。

困难预想。策划人员主要从以下三个方面着手：

1. 如何调动员工积极性，号召大家积极参与文艺会演环节。
2. PPT 和视频等相关内容的整理和制作交给谁负责。

3. 具体活动时，各个环节的人员（主持人、后勤、服务人员、设备负责人等）要如何安排。

费用预计。主要考虑以下四个方面的费用：场地布置费、奖品采购费、餐饮预算、节目（含设备、道具）预算。

企业团建活动策划

提到团建活动，一些企业可能会觉得没有必要，会觉得员工只要工作即可。团建活动是增强企业向心力和凝聚力的重要方式，也是公司对员工的一种回馈。有团建活动的企业，要比没有团建活动的企业更能调动员工的积极性和忠诚度。

与庆典活动不同，策划人员要根据公司拨发的预算进行规划。团建活动的预算通常有两种标准，一种是总体预算标准，另一种是人均预算标准。

对于策划人员来说，提前了解清楚具体的预算金额是很必要的。如果不提前了解预算金额，就有可能在策划完全部过程后发现预算超标而无法通过审批，这样就等于做了无用功。所以，策划人员要先了解往年策划预算，或直接询问行政部门领导本次团建活动的整体预算是多少，在了解预算范围后再策划相应的活动类型、活动场地、活动方式等。

下面我们来具体看一下团建活动的策划步骤：

1. 活动类型的确定。

在策划团建活动时，策划人员一定要明确本次团建的目的是什么，如学习、培训、增强企业凝聚力和向心力、回馈员工等。在明确团建目的后，才能具体策划接下来的内容。

2. 活动场地的确定。

活动场地是做好策划活动的重要前提之一，因为活动场地直接决定了整个团建的档次、氛围以及大家能开展的活动。所以，策划人员要根据团建的目的、形式与成本预算来具体选择团建场地。

如果成本预算少，且目的以培训、学习为主，那最合适的活动场地就是公司（策划人员可以对公司礼堂或大会议室进行布置使用）；如果成本预算足够，且目的以培训、学习为主，那策划人员可以选择度假村、山庄等地进行团建活动；如果成本预算少，目的以增进感情、回馈员工为主，策划人员可以考虑爬山、赶海等活动；如果成本预算足够，且目的以增进感情、回馈员工为主，策划人员则可开启员工投票模式，根据大多数人的意愿具体策划活动。

3. 活动方式的确定。

此环节为具体策划，主要由活动主题、参加人员、活动目标、活动时间、活动场地、行程安排和注意事项七个方面组成，下面我们来看一份活动方式策划例单，各策划人员可结合公司团建活动的具体要求，根据此策划单来进行策划。

（1）活动主题：

团建好时光，相约五里庄（活动场地名称）。

（2）参加人员：

公司全体员工。

（3）活动目标：

活跃团队气氛，增强团队合作；

提升个人素养，激发自我潜能；

缓解员工压力，感受公司关怀；

增强员工归属，凝聚企业文化。

（4）活动时间：

2020年6月××日（周六）。

（5）活动地点：

××市郊五里庄度假村。

（6）行程安排：

第一天

早晨：6点公司门口集合，6点20分发车；

上午：员工分组（自由成组），以小组为单位进行竞技活动；

中午：农家院聚餐（每桌规格为16菜1汤，主食不限）；

下午：自由支配时间，自主选择游戏；

晚上：篝火晚会加烤全羊（3只），宿农家院（按照提前安排好的房间分配）。

第二天

早晨：7点农家院吃早饭，8点农家院门口集合；

上午：集体爬山；

中午：农家院聚餐（每桌规格为16菜1汤，主食不限）；

下午：自主选择游戏，3点30分准备返程。

（7）注意事项：

全体员工积极参加，如无特殊情况则不批假。

团建活动时，必须严格遵守相关规则及公司纪律，严禁出现脱离团队擅自行动的情况，严禁个人有抹黑公司的言论及行为（如主动与人发生争执，出现违法乱纪行为等）。

参加团建时尽量穿运动鞋，男士不要赤裸上身，女士不要穿裙子。

如员工患有不适于参加激烈运动的疾病，一定要事先通知组织者。

保持活动区域的整洁，个人制造的垃圾一定投放到垃圾桶或随身带走。

保管好自己的贵重物品，如丢失、损坏，后果自负。

充分发挥团结友爱、互相帮助的团队精神，在同事遇到困难时要相互关照。

第四节 企业会议与活动管理基本表单

表3-1 会议申请表

申请部门：　　　　　申请人：　　　　　申请日期：

会议名称	
会议召开地址	会议召开时间
会议所需设备	
拟参会人员	
公司领导 （请打钩选择）	董事长□　　总裁□
拟讨论事项	1. 2. 3. 4. 5.
会议资料准备情况 （请打钩选择）	1. 需董事长或总裁事先阅读的文件是否已经备妥□ 2. 需要提交讨论的文件是否已经备妥□
总裁办或指定人意见	
总裁意见或批准	
董事长意见或批准	

表3-2 会议室使用申请表

　　　　　　　　　　　　　　　　　　　　　　　年　　月　　日

日期	时间	会议名称	主持人	地点	人数	备注
申请使用单位				管理单位		
名称	填表人	主管	管理人	事务科长	副经理	

表3-3 会议室使用登记表

会议名称			人数	
使用部门			负责人	
会议时间			会议地点	
会议室检查情况	是否有损坏	□有 □无		损坏明细填入下栏
使用部门负责人		办公室	时间	

注：1. 使用部门如需要饮用开水和茶叶等，请自行准备。
　　2. 非工作人员请不要随意使用有关设备。
　　3. 请不要在桌椅上写画、敲击和刻画，请不要改变会议室设备、家具的位置，爱护会场设施（包括麦克风、桌、椅、投影仪、屏幕、空调设施等）。
　　4. 使用完毕后，使用部门负责清洁会场，并将登记表交至行政办公室。

表3-4 会议通知书

会议名称：　　　　　　　　　　　　　　　　　　　　　　　编号：

收文部门	
会议主持人	副本收受人签名
开会事由	
开会时间	年　月　日（星期　）　时　分
开会地点	
出席部门及人员	
备注	

发文单位：行政人事部

发出签名：
发文日期：

表 3-5　会议议程表

会议名称：　　　　　　　　　　　　　　日期：　　　年　　月　　日

项目	程序	负责人	使用时间	备注
第一项	签到（签到后，领取相关资料）	总裁办或指定人员	点　分至　点　分 共计 10 分钟（会前）	
第二项	主持人简要说明本次会议的目的		点　分至　点　分 共计　　分钟	主持人需征询领导是否致辞
第三项	报告事项		点　分至　点　分 共计　　分钟	需准备附件（相关报告人员均需备妥）
第四项	讨论事项（包括前次会议遗留事项和本次会议预定讨论事项）		点　分至　点　分 共计　　分钟	需准备附件
第五项	临时动议		点　分至　点　分 共计　　分钟	
第六项	散会			

表 3-6　会议签到表

会议主题		召开时间	
主　持		召开地点	
参加人员			
签到			

表 3-7 会议纪要表

会议名称：
时　　间： 地　　点：
出　　席： 列　　席： 请　　假： 主 持 人：
记　　录： 报告事项： 　　1. 　　2. 　　决定：   讨论事项： 　　1. 　　　　决议： 　　2. 　　　　决议：   临时动议： 　　××提议： 　　　　决议：   记录人：　　　　　审　核：　　　　　总　　裁： 时　间：　　　　　时　间：　　　　　时　　间：

表3-8 会议记录表（一）

编号：

开会时间： 年 月 日 时 分至 时 分
开会地点：
会议名称：
主持人：
参加人员：
记录：
出席人员：
主持人报告：
讨论事项及结论：

表3-9 会议记录表（二）

_____年_____月_____日 编号：_____

时间	月 日 时至 月 日 时	地点		主持人		记录人	
会议名称							
参加者							
主要议题	对策措施	期限		负责人	追踪情况（时间）		

表3-10 会议决定事项表

议决事项	承办人	完成期限	追踪查核

表3-11 会议决定事项催办表

办通编号		通字（ ）号	催办人	
催办内容			催办日期	
受催部门			联系人	联系电话

表 3-12　会议未决事项讨论表

月　日 [			] 未决事项
内容	说明	提议者	处理
[讨论]			
[资料]			

表 3-13　会议决定事项实施管理表

日期	年　月　日	同意	
决定事项			
单位	执行负责人	实施目标·实施日期等	评价
各部门每个月的实施检查表			
月份	实施目标	评价	月份	实施目标	评价
1			7		
2			8		
3			9		
4			10		
5			11		
6			12		

表 3-14　企业年会计划表

会议名称		
开会地点		
开会日期		
开会时间		
会议宗旨及议题		
与会单位		
人数		
主持人		
会议召集单位		
会议主要工作人员		
与会者应备资料		
会场标示资料		
会场拟分发资料		

表 3-15　企业活动申请表

填表日期：　　年　　月　　日

培训活动主题（目标）			
培训活动形式	专业培训课程□	拓展活动□	聚餐□　　娱乐□　　运动□
培训活动内容			
参加人数		预算费用	
部门申请意见： 　　　　　　　　　　　　　　　　　　　　　　　　签名/日期：			
人力行政部意见： 　　　　　　　　　　　　　　　　　　　　　　　　签名/日期：			
分管领导意见： 分管副总裁：　　　　　　总裁：　　　　　　董事长：			

备注：本表格审批完成后由人力行政部存档备案 1 份。

表 3－16　活动记录统计单

项目部名称：＿＿＿＿＿＿＿＿＿　　　　　　　　　　＿＿＿＿年＿＿＿月＿＿＿日

活动	1月	2月	3月	4月	5月	6月	7月	8月	9月	10月	11月	12月
影视												
会议												
观摩												
文体												
合计												
备注	以上活动需附照片											

表 3－17　活动费用申请表

基本信息	使用部门：＿＿＿＿＿＿＿＿＿＿　　分公司、校区：＿＿＿＿＿＿＿＿＿ 使用时间：＿＿＿＿＿＿＿＿＿＿　　费用项目：＿＿＿＿＿＿＿＿＿＿ 参加人数：＿＿＿＿＿＿＿＿＿＿ 人均费用：＿＿＿＿＿＿＿＿＿＿　　总费用：＿＿＿＿＿＿＿＿＿＿＿ 申请人：＿＿＿＿＿＿＿＿＿＿＿
活动内容	
活动意义	
备注	
审批	审核人：＿＿＿＿＿＿＿＿＿＿＿＿＿＿＿＿＿＿＿＿ 审批人：＿＿＿＿＿＿＿＿＿＿＿＿＿＿＿＿＿＿＿＿

表 3-18 团建绩效评估表

公司：		评估人：					
职务：		评估时间：					
评估指标	权重	目标达成度					得分
		100%	80%	60%	40%	20%	
结果导向类指标	60 分						
1. 完成业绩目标	20 分						
2. 如期完成工作数量	10 分						
3. 工作质量达标	10 分						
4. 顾客满意	10 分						
5. 团队整体素质和能力水平提高	10 分						
过程控制类指标	40 分						
1. 团队对其他愿景规划、使命、价值观、组织结构、组织章程以及规章制度有书面说明	2 分						
2. 团队拥有清晰、共同认可的目标	2 分						
3. 团队章程符合实际，且大家认同	2 分						
4. 团队拥有一致认同的价值观	2 分						
5. 团队为实现目标制订了行动计划	2 分						
6. 团队对目标及任务，按照成员分工、时间进度进行了合理分解	2 分						
7. 团队成员权限清晰、职责分明	2 分						
8. 团队成员清楚地知道加入团队的益处	2 分						
9. 团队成员职能角色实现了定期轮换	2 分						
10. 团队按照共同约定的授权范围以及决策原则制定每一项决策	2 分						
11. 团队制定的决策得到成员的一致同意	2 分						

续表

评估指标	权重	目标达成度					得分
		100%	80%	60%	40%	20%	
12. 团队制定了科学完善的规章制度、工作流程，并及时检查遵守情况，持续改进	2分						
13. 团队始终致力于改进绩效、优化团队内部技能组合的支撑力	2分						
14. 团队会议定期召开且效率高	2分						
15. 团队成员间沟通开放、坦诚、互相促进、协同性强	2分						
16. 团队拥有高效解决内部冲突问题的机制与方法	2分						
17. 团队成员乐于接受新的思想、观念与信息，保持着较强的创新力与变革力	2分						
18. 团队能够建设性地解决各种困难问题	2分						
19. 团队根据培训需求制订并开展持续性的培训计划	2分						
20. 团队成员参与性强，凝聚力高，追求卓越，渴望取得成就	2分						
合　计	100分						
评估意见							
存在问题							
改进方法							

表 3–19　团建活动检查表

序号	团队建设指标		分值				得分
			不符合	偶尔符合	基本符合	完全符合	
1	民主管理	团队中的每个人都有同等发言权并得到同等重视	1	2	3	4	
2		团队成员把参与看作是自己的责任	1	2	3	4	
3		团队中的每个人的意见总能被充分利用	1	2	3	4	
4		在决策时总请适当的人参与	1	2	3	4	
5		所有的人都能了解充分的信息	1	2	3	4	
6	团队工作技能	把团队会议看作头等大事	1	2	3	4	
7		团队会议成熟、卓有成效	1	2	3	4	
8		团队成员都完全参与到团队会议中去	1	2	3	4	
9		在团队会议时每个人都专注于主题并遵守时间	1	2	3	4	
10		团队成员都很擅长达成一致意见	1	2	3	4	
11	团队氛围	团队成员都知道可以互相依靠	1	2	3	4	
12		团队成员在团队内体验到透明和信任感	1	2	3	4	
13		团队成员不允许个人事务妨碍团队的绩效	1	2	3	4	
14		团队中每个人都感到能自由地表达真实看法	1	2	3	4	
15		团队成员之间相互尊敬	1	2	3	4	
16	团队凝聚力	团队中的每个人的目标、要求明确并达成一致	1	2	3	4	
17		对于目标，团队中每个人都有强烈一致的信念	1	2	3	4	
18		团队中的每一个人的角色都十分明确，并为所有的成员所接受	1	2	3	4	
19		如果让团队成员分别列出团队的重要事宜，每个人的看法会十分相似	1	2	3	4	
20		团队中每个人都能顾全大局，分清主次	1	2	3	4	

续表

序号	团队建设指标		分值				得分
			不符合	偶尔符合	基本符合	完全符合	
21	成员贡献水平	团队成员能实践自己的承诺	1	2	3	4	
22		每个人都表现出愿为团队的成功分担责任	1	2	3	4	
23		每个人都让大家充分了解自己	1	2	3	4	
24		团队成员都能主动而创造性地提出想法	1	2	3	4	
25		团队中的每个人都努力完成自己的任务	1	2	3	4	
合计：							

企业活动与发展策划问卷表

一、单项选择题

1. 您的年龄范围：（　　）

   A. 30 岁以下　　　　　　　　B. 30～35 岁

   C. 35～40 岁　　　　　　　　D. 40 岁以上

2. 您的性别是：（　　）

   A. 女　　　　　　　　　　　B. 男

3. 您的文化程度：（　　）

   A. 研究生　　　　　　　　　B. 大学本科

   C. 大专　　　　　　　　　　D. 高中

   E. 中专　　　　　　　　　　F. 初中

4. 您参加工作的年限：（　　）

   A. 5 年以下　　B. 6～10 年

D. 11~15 年　　　　　　　　E. 16~20 年

5. 您的职务：（　　）

    A. 一线员工　　　　　　　B. 基层管理人员

    C. 中层管理人员　　　　　D. 高级管理人员

6. （1）您对岗位职责：（　　）

    A. 完全了解　　　　　　　B. 基本了解

    C. 不了解　　　　　　　　D. 不想了解

  （2）您对当前岗位职责理解尚不清晰的原因：（　　）

    A. 没有明确的岗位要求

    B. 上级对自己的工作范围界定不明

    C. 工作变动频繁，导致岗位不稳定

    D. 与本岗位无关的临时性工作太多，以致无所适从

7. 就团队关系而言，您认为您的团队意识：（　　）

    A. 很强　　　　　　　　　B. 较强

    C. 一般　　　　　　　　　D. 较差

8. 您认为影响团队发展的最重要的因素是：（　　）

    A. 领导者的能力素养

    B. 团队成员的能力素养

    C. 团队管理制度

    D. 团队目标的可行性

    E. 外界环境的影响

    F. 其他

9. 您认为在本部门，同事之间关系怎么样？（　　）

    A. 大部分同事关系融洽，只有个别不合群，但不影响集体

    B. 部门内部有小团体，但部门有事情时，大家能同心协力

    C. 关系不好，但是大部分有自己的好友

    D. 其他

10. 您与其他岗位人员工作协调时：（　　）

        A. 能够很好协调	B. 比较容易协调
        C. 不容易协调	D. 根本不能协调

11. 您与上级沟通的频率：（   ）
        A. 经常	B. 有时
        C. 很少	D. 几乎不沟通

12. 您认为本部门同事间的团队精神：（   ）
        A. 非常好	B. 一般
        C. 较差	D. 非常差 主要表现在：____

13. 当您遇到困难时，您所选择的倾诉对象是：（   ）
        A. 直接领导	B. 行政人事部
        C. 同事	D. 家人、朋友

14. 如果公司组织各项技能知识竞赛，您是否支持并积极参加？（   ）
        A. 很支持并积极参加	B. 积极参加
        C. 参加	D. 不参加

15. 您认为您现在的工作态度是怎样的？（   ）
        A. 主动进取	B. 按部就班
        C. 在压力下被动工作	D. 消极应付

16. 您对目前的工作感兴趣吗？（   ）
        A. 非常感兴趣
        B. 感兴趣
        C. 没有兴趣，为了生计，勉强工作
        D. 完全失去兴趣

17. 您认为哪些方式将有助于提高您的工作热情？（   ）
        A. 公平、及时、恰当的激励
        B. 良好的工作氛围和团队协作精神
        C. 加强内部竞争，实行优胜劣汰
        D. 不断参加培训，获得与岗位相关的知识

18. 工作中或多或少会碰到一些困难，您认为其原因是：（   ）

A. 所学非所用

B. 没有相关的培训

C. 没有明确的职责划分

D. 人际关系复杂，团队协作不够

19. 如果不出现意外（如被辞退等），您准备在公司工作多长时间？
（   ）

    A. 10 年以上　　　　　　　　B. 5～10 年

    C. 2～5 年　　　　　　　　　D. 1～2 年

20. 您认为您的团队最大的竞争优势是什么？（   ）

    A. 成员之间的互相信任

    B. 成员的整体素质高

    C. 自己的领导能力得到认可

    D. 团队分工合理

    E. 团队良好的激励机制

    F. 其他

21. 您的上司意外调离，部门又重新招聘了一位上司，您会：（   ）

    A. 感到很高兴，因为新上司常常能带来新观念和方式

    B. 无所谓，反正谁当领导都是同样的心态做同样的事

    C. 很沮丧，严重挫伤了工作积极性

    D. 非常不满意，很难适应

22. 您认为多久举行一次团队活动最为合理？（   ）

    A. 一个星期　　　　　　　　B. 半个月

    C. 一个月　　　　　　　　　D. 两个月

二、多项选择题

1. 您认为哪项能力是工作单位最看重的：（   ）

    A. 合作意识与奉献精神

    B. 创新意识

    C. 竞争意识与挑战意识

D. 人际交往能力

E. 社会实践和工作经历

F. 文字写作能力

G. 其他：_____

2. 您认为怎样才能更好地增强部门凝聚力？（　　）

  A. 头脑风暴会   B. 一些集体性的体育活动

  C. 团队聚餐   D. 团队训练

  E. 其他形式

3. 您对以下哪个团队建设培训方式最感兴趣？（　　）

  A. 团队聚餐

  B. 组织团队旅行（爬山、徒步等）

  C. 团队野餐

  D. K 歌

  E. 其他形式

4. 您认为哪些问题会影响团队绩效？（　　）

  A. 团队缺乏凝聚力，各自为政

  B. 领导者缺乏调控能力，导致信息不对称，影响工作进展

  C. 成员中存在着情绪起伏，到工作中后期逐渐呈现消极应对的情绪

  D. 团队人员冗杂，工作难以调配

  E. 其他

5. 您认为在团队建设过程中最大的障碍是什么？（　　）

  A. 管理能力较弱

  B. 员工素质不高

  C. 资金保障不足

  D. 业务流程不畅

  E. 工作效率低下

  F. 技术水平不高

  G. 团队合作不够，对内对外不讲诚信

H. 领导观念陈旧

I. 服务意识差

J. 规章制度不健全

K. 授权不足

L. 创新能力不足

M. 执行力度差

N. 其他

6. 当员工对某一问题的看法与您不同时，您通常会做什么？（　　）

   A. 允许员工发表意见，并且会采纳正确建议

   B. 允许员工发表意见，但只是听听而已，很少采纳

   C. 总是试图说服员工接受自己的观点

   D. 严厉斥责员工的看法，对员工意见不理不睬

   E. 其他

7. 如果公司进行团队培训，您希望是什么内容？（　　）

   A. 了解公司发展状况

   B. 增强团队凝聚力

   C. 提升个人能力

   D. 促进团队发展

   E. 解决团队问题

8. 您认为影响团队发展的最重要的因素是什么？（　　）

A. 领导者的能力素养	B. 团队成员的能力素养
C. 团队管理制度	D. 团队目标的可行性
E. 外界环境的影响	F. 其他

9. 您最喜欢的拓展项目：（　　）

   A. 扮演不同角色的项目

   B. 增进沟通和交流的项目

   C. 能体现智慧和毅力的项目

   D. 娱乐开心的游戏项目

E. 能给我启发和启迪的思考项目

F. 我不喜欢拓展活动

三、开放式问题

1. 请你对公司团队建设及发展提出意见和建议。

2. 您喜欢参加什么活动？希望单位组织什么活动？

第四章　企业接待与宴请管理

第一节　企业的门面，前台接待管理

企业前台日常工作细则

企业前台，即前台接待，又称"行政前台"，隶属企业行政部门。企业前台是现代企业的典型岗位之一，这个岗位面向企业外部，其工作人员代表了企业的形象，所以在选择前台人员时，务必要选择形象、气质俱佳的员工。由于此岗位需要实行轮班制度，所以前台人数不能少于2人。

对前台工作人员来说，其日常工作主要是负责接待来访客户，做好登记表格，做好电话转接等。除此外，迎候重要访客、判断访客意图、办理相关手续等也都是前台的工作内容。

下面，我们按照营业前、营业时与营业后的顺序详细介绍前台日常工作的细则。

营业前：

进入保洁室打开电源电闸，开启必要的照明设备，打开计算机、打印机、打卡机等。

打卡，换工服，并整理仪表仪容。

清点前一天的账目，核对现金、单据等有无纰漏。

检查当天的单据及物品，如A4打印纸、销售单、报表、登记表、水单、零钱、毛巾、纸巾、饮用水和柠檬存量等。

配合后勤部的保洁人员完成大厅的清洁工作，完成镜面、台面的整理工作，将座椅、书籍、期刊和纸张等有序排列。

将地毯、地垫等摆放端正，准备营业。

营业时：

做好来访者的预约登记，做好访客的来访记录（具体包括姓名、电话、来访时间、受访者姓名、受访者所属部门、来访事由等）。

随时做好公司信息内部共享工作，做好公司内部电话转接、传真收发及文档复印等工作。

做好各类办公文档、商务文档及合同协议的录入排版工作。

做好日常文书资料的整理工作，做好其他一般行政事务。

将公司收到的各类信件、包裹、报刊等进行签收与分送。

积极处理客户的投诉电话，填写好投诉登记表，尽快将投诉内容传达给客服部门，并定期向行政部长汇报客户投诉记录。

营业后：

做好当日的记录并核查，核查结束后发给上级领导。

做好清洁工作。

将工服放入员工衣柜挂好，打卡下班。

如无夜班人员，则关闭计算机、打印机、空调等电器设备，检查钱柜与档案柜是否关好，最后关闭照明设备。

企业前台接听电话的注意事项

为了规范前台人员接打电话的礼仪和行为,为了给客户提供高效优质的服务,为了展示公司的风度与良好形象,前台人员在接打电话时需要注意以下几方面内容。

1. 接听电话一定要迅速,接听内容一定要准确。

2. 电话铃响起两声后,接听人员必须接起电话,并用"您好,这里是×××"开头;如果因忙碌造成电话铃声响三声以上的,接听人员必须在接起电话时使用"对不起,让您久等了"开头。

3. 前台人员如果没在工作岗位,则由其他同事代为接听记录。

4. 电话铃响起时,如果接听人员正在与客户进行现场交流,应该先跟客户打招呼,然后再去接听电话。

5. 拿起电话后,接听人员的说话顺序应该是"您好""这里是××公司前台""我的姓名和工号是×××",这样的顺序是为了确定对方是否拨错电话,也是为了彰显公司的风度和礼貌。

6. 熟练使用规范用语,如:

"您好,这里是×××公司。"

"您好,请问有什么可以帮助您?"

"请问您找哪位?"

"请稍等。"

"我再重复一遍您的要求,您看一下有没有错漏。"

"请您那边检查一下好吗?"

"祝您生活愉快,再见。"

7. 接听电话时要保持心情愉悦,口气温和、谦虚、热情。避免使用生硬语气,不能使用方言,禁止音量过小或过大,在对方拨错号码时,接听人员要礼貌地告知对方,而不是直接挂断电话或恶语相向。

8. 接听人员要做到谨慎接听电话，尤其是转接电话和代接电话。

转接电话：

（1）关于要转接到管理层的电话，接听人员需先转接到相关部门，再由相关部门具体决定是否要让领导接听，这样可以有效避免领导被无关紧要的电话打扰。

（2）如果对方要求转接的电话占线，接听人员则需询问对方是否需要继续等待，如对方不愿继续等待，则要询问对方的来电事由并记录，以免耽误重要事情。

代接电话：

（1）代接电话时，如果对方有紧急事情，接听人员应用纸笔记录；如果对方有隐私或机密事情，接听人员则需记录对方电话，以便回拨给对方。

（2）代接电话完毕前，接听人员需要复述一遍记录内容或来电要点，避免记录错误而引发问题。

9. 接听人员要随时记录电话内容（除广告推销外），并将业务咨询类电话及时通知行政部，由行政部门统一安排同事跟进，具体记录内容为"5W1H"——When（何时）、Who（何人）、Where（何地）、What（何事）、Why（为什么）、How（如何进行）。

10. 挂电话时要有礼貌，在通话完毕后，接听人员需提示对方"请问还有别的事吗"或"请问还有其他可以帮您的吗"，在谈话结束时，接听人员要告知对方先挂电话，并礼貌地说"很高兴为您服务，再见"或"祝您生活愉快，再见"。

总之，接听人员的用语要做到文明礼貌，通话内容要简明扼要，要将"谢谢""您好""请"等用语挂在嘴边，同时要注意自己的口气和语调。

第二节　企业公务接待管理

企业公务接待的对象与宴请标准

为了更好地提升企业对外接待的管理水平，为了帮助接待人员将工作规范化、标准化、高效化，为了更恰当地做好企业的对外接待工作，为了更好地塑造企业形象，企业需要接待人员按照具体的接待对象在一定的标准下进行接待工作。

对接待人员来说，企业公务接待工作的总体要求就是按照接待对象的不同单位、不同层次和不同需求，灵活熟练地掌握接待工作，务必用高度的责任心做到目标明确、主次分明、计划周密、思路清晰。

按照来宾的级别，企业公务接待的对象可分为以下四类：

一类接待：

一类接待的来宾指的是省部级党政军领导、企业总部副总经理（含）以上的领导。一类接待的来宾需要由行政部门负责活动计划和食宿安排，也要由公司主要领导进行陪同。

二类接待：

二类接待的来宾指的是党政军机关正、副地厅级领导；企业总部部门总经理、副总经理；同级各子公司、分公司的总经理、副总经理。二类接待的来宾需要由行政部门负责活动计划和食宿安排，如有涉及业务和工作的内容，则需由相关部门统筹安排，并规定若干负责人进行专人陪同，公司领导可视具体情况决定要不要参加陪同活动。

三类接待：

三类接待的来宾指的是地方相关部门正、副县（处）级领导；总部部室副总经理（不含）以下的工作人员；同级子公司、分公司的部门主任、副主任。三类接待的来宾需要由相关部门负责具体的接待活动，并将计划上报行政部门审核、批人、批车，公司领导可视具体情况决定要不要参加陪同活动。

四类接待：

四类接待的来宾指的是同级子公司、分公司的各专项经理、部门经理；其他与公司有业务往来的部门人员。四类接待的来宾需要由提出申请和计划的部门负责具体的接待活动，并将计划上报行政部门审核、批人、批车，相关部门需要出专人进行陪同。

根据这四类的接待对象，公司需要制定相应的接待标准来安排活动及餐宿：

一类接待宴请标准为每人每次200元（含）以内。

二类接待宴请标准为每人每次150元（含）以内。

三类接待宴请标准为每人每次100元（含）以内。

四类接待宴请标准为每人每次80元（含）以内。

以上四类接待标准为宴请标准，除宴请外的其余用餐皆为工作餐，其标准为：一类接待来宾每人每天的工作餐标准为100元；二类接待来宾每人每天的工作餐标准为80元；三类接待来宾每人每天的工作餐标准为60元；四类接待来宾每人每天的工作餐标准为40元；陪同工作人员（含司机）每人每天的工作餐标准为20元。

同级子公司、分公司的普通员工，以及总公司的下属公司员工来参加的参观、培训、交流等纯业务活动有用餐安排，无用餐标准，可由相关部门经办人填写用餐申请表，安排相关人员前往员工餐厅用工作餐。

一类接待来宾须由若干公司领导陪餐，陪餐人员的宴请标准为每人每次200元（含）以内；二类接待来宾需由公司领导安排人员陪餐，陪餐人员的宴请标准为每人每次150元（含）以内。

需要注意的是，接待费用需以节约原则为本，在实际工作中，只能根据具体情况酌情降低餐厅、酒店级别，不能随意提高（公司领导宴请的用餐规格可适当放宽标准）。

企业公务接待座次安排

商务接待活动中，座次安排最能体现一个公司的礼仪和风貌。根据具体情况，需要安排座次的场合主要有会议主席台座次安排、宴席座次安排、仪式座次安排、乘车座次安排和合影座次安排。

关于会议主席台座次的安排：

1. 当主席台领导人数为奇数时，1 号领导（职级最高的领导）居中，2 号领导在 1 号领导的左手边，3 号领导在 1 号领导的右手边；当主席台领导人数为偶数时，1 号领导与 2 号领导同时居中，且 2 号领导仍在 1 号领导的左手边，3 号领导在 1 号领导的右手边。

2. 负责人员需要在主席台上放置座次表和姓名签，以便领导同志能够对号入座，避免出现上台后互相谦让的情况。

3. 要认真书写姓名签，禁止出现错别字。

4. 主席台上出现多个单位、公司的平级领导时，通常按照公司的排名次序定顺序，也可按照领导人的年纪大小定顺序，比如，德高望重的老同志坐中间，年轻的领导同志坐旁边。

5. 对同级单位的来宾，负责人不必非要按职位的高低来排，有时候，将职务略低于接待领导的人安排在主位，更能彰显接待方的得体与尊重。

6. 在开会前，要逐一落实领导能否出席会议，避免在摆放姓名签和预留席位后才发现领导不能出席，造成影响不好的空座现象。

7. 领导同志到会场后，要先安排他们在休息室等候，开场前再安排领导主席台落座。如果主席台的领导人数较多，还应提前准备座位图，方便领导顺利入座。

关于宴席座次的安排：

宴请宾客时，主陪要坐正对房门的位置，副主陪要在房门旁边。1号宾客（职级最高的客人）要在主陪的右手边，2号宾客要在主陪的左手边，3号宾客要在副主陪的右手边，4号宾客要在副主陪的左手边，其他客人可以随意落座。

关于仪式座次的安排：

签字仪式时，双方领导站在中间，其他随行的人要各自在领导两侧排列。在一般情况下，双方的人数都是对等的，如出现不对等情况，则主方领导站在中间，客方领导站在主方领导右侧。

关于乘车座次的安排：

接待用车通常为轿车。

小轿车的乘车座次安排为1号领导在司机的右后方，2号领导在司机的正后方，3号领导在副驾驶。

中轿车的乘车座次安排为1号领导在司机后一排的临窗位置，其余人随意落座。

关于合影座次的安排：

合影座次安排与主席台大致相同。

当领导人数为奇数时，1号领导（职级最高的领导）居中，2号领导在1号领导左手边，3号领导在1号领导的右手边。

当领导人数为偶数时，1号领导与2号领导同时居中，且2号领导仍在1号领导的左手边，3号领导在1号领导的右手边。

企业公务接待流程、标准及礼仪

公司应秉承"服务周到、礼貌热情、厉行节俭、统一管理"的严格标准进行接待工作，其具体管理部门为行政部门，其他相关部门则起协调作用。在接到重要来访预约通知后，公司各部门先要填写《来访接待通知单》，并到行政部门备案，同时上报给总经理审批。在行政部的协助下，相关部门要拟定接待计划。需要公司领导出面的重要接待，要提前2天以上告知行政部，以便秘书安排协调领导的行程。

接待工作的具体流程如下：

相关部门接到来访预约或领导通知后，要对来宾进行基本的情况了解。比如，来宾的职务、来访的时间、来访的人数、来访的目的、来宾的要求、停留的时间等。接待人员需在这些基础上具体拟订接待计划，并安排日程安排表和接待标准等。

根据来宾的情况，接待人员需通知公司相关部门做好后勤工作，同时通知陪同的领导和其他人员迎接时间和场所。

根据来宾类型，按照公司的接待标准，行政部门要提前预订好餐厅和酒店，并酌情采购酒水、水果等。根据来宾的要求，行政部还需配合安排娱乐活动。

如果有特殊会议要求，行政部门要负责准备会场、音响、投影、横幅、欢迎牌、座位签、指示牌、电子屏等，还要负责购置会场花卉、水果、茶叶、矿泉水等。如会议重要，行政部门还要邀请新闻媒体与通稿人员，并安排好摄影师全程录像。

根据来宾身份，接待人员需要按照不同的标准进行接待，下面是供大家参考的接待标准：

一级接待标准：

陪同人员：总经理、副总经理、总监、各部门经理。

迎接标准：总经理、副总经理、总监、各部门经理需提前出发迎接。如来宾是坐车来，则陪同人员需驱车在高速路口迎接；如来宾是乘飞机来，则陪同人员需在机场迎接；如来宾是乘坐火车或客车来，则陪同人员需在车站迎接。

接待人员在介绍双方时，一定要注意介绍顺序。正确的做法是先对客人介绍主人，再对主人介绍客人；先对职务高的人介绍职务低的人，再对职务低的人介绍职务高的人；先对女士介绍男士，再对男士介绍女士；先对长辈介绍晚辈，再对晚辈介绍长辈；先对团体介绍个人，再对个人介绍团体。

在介绍完毕时，主人要先伸手表示欢迎；在告辞时，客人要先伸手表示感谢。

握手的力度以不握痛对方为限，初次见面时，握手时间控制在 3 秒以内。

参观：主接待人需要为来宾介绍公司的基本情况以及未来规划，总经理、副总经理、各部门经理等陪同人员可以旁听，也可以补充各个项目的相关信息。根据实际情况和来宾意愿，行政部需要提前计划参观及游览线路，并根据具体情况购买礼品、纪念品。

座谈：接待人员要确保座谈室内的环境，要确保室温合适、灯光合适，要保持卫生间的清洁。接待人员要提前将公司的相关资料、纸、笔、茶水、水果等摆放在接待室内，并提前调试投影设备、音响设备和摄影设备等。

下榻宾馆标准：行政部根据预算标准情况预订酒店。

二级接待标准：

陪同人员：副总经理、相关部门经理。

迎接标准：相关部门经理在公司门口迎接并引导来宾。

参观：主接待人需要为来宾介绍公司的基本情况以及未来规划，副总经理、各部门经理等陪同人员可以旁听，也可以补充各个项目的相关信息。

座谈：接待人员要确保座谈室内的环境，要确保室温合适、灯光合适，要保持卫生间的清洁。接待人员要提前将公司的相关资料、纸、笔、茶水、水果等摆放在接待室内，并提前调试投影设备、音响设备和摄影设备等。

下榻宾馆标准：行政部根据预算标准情况预订酒店。

三级接待标准：

陪同人员：相关部门经理及对口人员。

参观：主接待人需要为来宾介绍公司的基本情况以及未来规划，相关对口的部门经理及人员可为来宾详细介绍项目相关信息。

座谈：接待人员要确保座谈室内的环境，并提前将公司的相关资料、纸、笔、茶水等摆放在接待室内。

接待人员在礼仪方面需要注意以下几点：

1. 仪表方面：接待人员要做到妆容淡雅、服装得体。
2. 举止方面：接待人员要做到稳重从容、端庄大方。
3. 言语方面：接待人员要做到语气温和、礼貌儒雅。
4. 态度方面：接待人员要做到诚恳热情、不卑不亢。
5. 迎接来宾时：接待人员要注意把握时间，提前一段时间在指定地点等候。
6. 接受名片时：接待人员要用恭敬的态度双手接过，在默读一下后郑重地收入名片夹或口袋。
7. 过走廊时：接待人员要走在来宾的右前方，并不时左侧回身，以配合来宾的脚步，在转弯时，接待人员要伸出右手示意，并说"这边请"。
8. 进电梯时：接待人员要让来宾先进、先出，并告知来宾上几楼。
9. 座谈时：接待人员在客人落座后，要用双手递上茶水，递茶水的顺序为：先客人，后主人；先领导，后员工。
10. 送客时：接待人员要根据身份确定规格，送一级来宾时，要送到高速路口、机场或车站；送二级来宾时，要送到公司门口或汽车旁。在送客时，接待人员要招手示意，待客人远去后方可离开。

需要注意的是，如果接待过程中涉及机要事务、机密文电和重要会议，接待人员要注意保密。当遇到不适合摄像的情况时，接待人员要及时说明。接待结束后，负责人需要撰写来访日志，将与来访者交流的信息汇总整理，并将重要的部分上报。

企业外事接待的原则

外事接待工作是企业联系社会的桥梁和纽带，企业通过外事接待工作，可以彰显自己的实力，树立公司良好形象，还可以以此吸引投资，扩大合作，推动企业快速发展。

坚持原则是企业做好外事接待的重要前提，下面我们一起来看看企业外事接待应当坚持的原则。

1. 接待人员要维护企业外事接待工作的统一性和有序性。

企业外事接待工作必须做到令行禁止，不允许违背国家利益和企业利益，要严守外事接待工作纪律，严守企业秘密，在遇到重大问题时要及时上报，不许擅自做主、乱表达姿态。

2. 接待人员要按照规定程序办事，不许逾越标准。

外事接待有专门的接待标准，不允许接待人员超越既定程序，不许擅自增加和减少环节。

3. 接待人员要严格提高部门管理水平与服务质量。

接待人员要正确区分内事活动和外事活动，杜绝不符合外事礼仪的做法。如遇到违法乱纪现象，要坚持原则，一切从严处理，不允许敷衍护短现象。作为企业管理的重要组成部分，外事接待工作具有较强的专业性，如果企业想在外交中不丧失机遇、不耽误事情，就要提高外事部门的管理水平与服务水平。外事部门提高管理水平的要求如下：制定切实可行的外事接待流程；开展接待工作培训，培养外事接待人员的语言表达能力，树立接待人员的服务意识；保持外事人员的稳定。

4. 接待人员要加强外事调研工作，与时俱进。

在没有外事接待活动的时候，接待人员要对酒店、餐厅、车辆等进行调查，以贯彻节俭实在、杜绝浪费的原则。接待人员要酌情修改接待流程，在不降低标准和服务质量的同时，尽量减少不必要的礼节活动。

5. 外事部门要同其他部门搞好关系。

灵活性是做好企业外事接待工作的重要环节，因为外事接待部门需要其他相关部门的支持和配合，这样才能让外事接待工作发挥出最好的作用。因此，外事部门要跟其他部门搞好关系，树立起"上下一盘棋""每个人都代表企业形象"的意识，让接待人员对自己有信心，也对他人有信心。

6. 接待人员要在大标准下随机应变。

这里的随机应变不是说外事接待工作可以随心所欲地进行，而是指外事接待工作的涉及面广、随机性强，很多时候，企业给出的外事模式标准并不适用于当前的接待。这时，接待人员要在不违背其他原则的前提下，根据时间、空间、局势等变化，选择最佳的适应方法。也就是说，外事人员既要按照相关规定和程序办事，又要从实际出发，敢于简化程序、打破常规，为来宾提供个性化服务。

对于外事接待人员来说，他们的本职工作就是因时制宜、因地制宜地做好两项服务。第一项是跟踪服务，第二项是个性化服务。跟踪服务要求外事接待人员将每批接待活动的流程和结果上报，并对酒店、餐厅、车辆、会场、游览点、通信等进行跟踪调查；个性化服务要求外事接待人员为来宾建立档案，了解他们的兴趣、好恶、口味、习惯等，这样可以有针对性地开展服务，给来宾留下好印象，从而促进企业各项工作的顺利开展。

第三节 企业接待与宴请管理基本表单

表4-1 前台访客登记表

序号	访客姓名	来访日期	访客电话	受访人	是否预约	来访事由	备注
1							
2							
3							
4							
5							
6							
7							
8							
9							
10							
11							
12							
13							
14							
15							
16							
17							
18							
19							
20							
21							
22							
23							
24							
25							
26							
27							
28							
29							

表4-2 前台日常工作明细表

拟制日期：2020年6月

项目	工作内容	完成时间
日常工作	开启前台照明，打开计算机、传真机（检查传真纸是否用完、墨水是否用尽，如用尽请添加，检查是否有未接收传真）、复印机（检查复印纸和墨水并添加）、饮水机	8：20～8：30
	清理饮水机水槽内的积水，倒掉脏水桶内的茶叶渣、积水，开启空调	
	检查前台卫生情况，打扫干净地面，给盆栽浇水，将物品摆放整齐，维护公司前台形象	
	检查接待室卫生情况，打扫干净地面，将桌椅摆放整齐，清洁茶杯茶具并摆放整齐	
	开启办公区域照明，将空调打开	
考勤管理	员工陆续到达公司，向员工问好（说"早上好"），提醒员工打卡	8：20～8：30
	考勤系统管理，当有新员工入职时，协助人事录入新员工指纹资料，并予以备份	自行安排
	员工外出登记管理，当有员工外出时做好记录，包括员工外出时间、外出事宜，记录下员工外出时间并让员工签字确认。员工外出回公司时，记录下员工回到公司的准确时间，并让员工签字确认	
	请假条、年假条管理，将员工请假条原件扫描并予以备份，登记员工年假台账	
	详细记录员工加班情况，包括加班时间、加班原因、加班内容，并汇总员工月加班汇总表	
	制作日考勤明细表，并根据日考勤明细表和员工加班情况、请假情况，汇总员工月考勤统计表，让员工签字确认，确认后报送审批	

续表

项目	工作内容	完成时间
物品管理	检查桶装水的数量，做好库存管理，保证每天的正常饮水、当库存不足时，打电话给供水商订水，并做好订水数量的记录	8：30~9：00
	做好办公用品的库存管理，定时清点办公用品的实际库存，保证办公用品的正常供应、当库存不足时，做购买申请，并予以购买（购买时需要供应商提供发票）	自行安排
	办公用品采购回来之后及时入库并做好入库登记，并根据入库数量做好库存记录	
	员工领用办公用品时需做领用登记，包括领用时间、物品名称、物品数量，并让员工本人签字确认，根据领用登记做好库存记录	
	名片采购，员工本人提出申请并审批后，根据员工的要求与制作商联系，拿到样品并由员工本人签字确认了，方可制作	
	管理清洁卫生用品，定期清点清洁用品的实际库存，保证正常使用。当库存不足时，做清洁用品购买申请，并予以购买（购买时要向对方索取发票）	
	清洁卫生用品购买回来后做入库登记，并更改库存记录。发放卷纸给每位员工，并让员工签名确认	
	会议室钥匙、司机汽车钥匙由前台登记及管理，员工要借会议室钥匙使用会议室时，需要填写会议室使用申请表，包括使用时间、使用人数、会议的内容。查询会议室使用预约表，若是会议室没有人使用，则让员工签字确认后方可将钥匙借与。会议结束后，要让员工归还钥匙并签字确认	
文印工作	打印、复印文件，重要文件优先打印，涉及保密的文件在打印后要将电子版销毁，重要的文件在复印时要做好记录	自行安排
	做好文件的装订工作，要根据文件次序装订	
	打印机、复印机、传真机耗材的补充，每天要定期补充复印纸，保证文印工作的正常进行	
	打印机、复印机、传真机的清洁和维护，每周要定期清洁一次机器的外箱，并检查机器内部有没有卡纸，是否打印清晰。若有故障，咨询维修人员机器的问题及维修的相关费用，据此填写维修申请，注明原因及费用，申请通过后，联系维修人员予以检修，并做好验收	

续表

项目	工作内容	完成时间
报刊邮件管理	每年年末由各部门做报刊订阅申请，汇总后递交经理审批，然后根据审批结果，订购相关的报纸杂志	
	签收邮件、信件，并在10分钟内送到收件人手中，填写收件明细表，并让收件人签字确认	每日9：00、16：00
	寄送邮件，填写寄件明细表，包括收件人、邮件的内容、快递单号，以便查询，当天下午5点之前收集好要寄出的所有邮件，再通知快递公司，统一寄出，付款时要向快递公司索取发票	每日16：00
	收取报纸、杂志，并整理报纸杂志陈列柜，做到美观大方，方便抽取	每日14：00
	员工借阅报纸杂志时要做好登记，包括借阅的时间、书籍名称、暂定的归还时间，并让员工签字确认	按需
	清理借阅报刊，催促归还	月末
电话工作	总机电话的接听：听到铃响，至少在第三声铃内接听，接听电话后先问候，并自报公司名（"您好，这里是××公司"），对方讲述时仔细聆听并记录要点，迅速判断其有何需求。若是咨询业务，则转接电话给相关同事（"先生/小姐，关于这方面的业务，让我们公司×先生为您服务吧，他可以全面、专业地解释您所想了解的问题，我把电话转过去，请稍等"）。若是推销产品，与本公司关联的业务则转接相关部门相关人员；无关联业务，则直接回答："先生/小姐，我们公司暂时没有这方面的需要，请您联系其他公司吧，谢谢！"若是找人，则说："先生/小姐，您找的×先生/小姐名字叫什么？您跟他/她预约了吗？请您稍等。" 注： ①不指名的电话，判断自己不能处理时，马上把电话转给能处理的人。 ②通话简明扼要，不应长时间占线。 ③结束时应说"谢谢"，礼貌道别，待对方切断电话，再放下听筒	按需
	更新员工通讯录和电话号码，有新员工入职或员工更换手机号码时，要及时更新并邮件抄送给公司所有员工，所有员工的手机号码不得外泄；主管及以上人员的固话号码不得外泄	按需
	员工午餐预定，员工11点时在前台做好午餐登记，由前台统一打电话预订，送到后要通知同事来前台拿取自己预订的午餐	月末

续表

项目	工作内容	完成时间
接待工作	来访客人接待，并通报相关部门； 客户或来访者进门，前台马上起身接待，并致以问候或欢迎词（单个人问候："先生/小姐，您好！"两个人，问候语则为："二位先生/小姐好！"或"先生、小姐，你们好！"来者为三人以上，标准问候语则为："各位好！"或"大家好！"对已知道客户或来访者姓名的，标准问候语如下："×先生/小姐好！"） 看到客户点头或听到客户回应"你好"之后： a. 引导客户或来访者到接待室就座，并随时用手示意。途中与同事相遇，点头行礼，表示致意； b. 客户落座后，递上温水，送上公司宣传资料后及时与被访人联系，并告诉客人"我帮您联系，请先坐一下，好吗？" 电话联系公司相关接待人员，并引导其到接待室，进入房间，要先轻轻敲门	每天
	客人来访要引导客人做来访登记，包括客人的姓名、所属公司、来访时间、来访事由，不能让客人直接进入办公区域，而是引导客人去接待区，如果情况需要客人进入办公区域，则要发放给客人一张访客证，方能准许客人进入办公区域	按需
	午餐预订，如若业务需要，要招待客人，则根据领导的指示预订酒店，要详细了解参与的具体人数，需要的酒店档次，然后打电话预订，并将预定结果告知领导	中午11：30预订
	布置会议室、接待室的陈列，定期检查并清理会议室，客人离开后要做好会议室的卫生工作	按需
票务订购工作	凭《出差申请单》订购机票、火车票、酒店，根据具体情况订购，交通工具优先火车、高铁，若是飞机票与火车票价格相当的，可以订购飞机票	按需
	订票成功后做好订票记录，并让相关人员签字确认	按需
证照管理	管理公司的相关证照原件，包括营业执照、组织机构代码证、财税登记证、一般纳税人登记等，并及时办理这些证照的续期，保证公司的证照在有效期内	按需
	员工借用证照时要做好记录，包括借用时间、借用原因、拟归还的时间，原则上只允许借用复印件，特殊原因需要借用原件，需要填写原件借用申请表，经总经理审核后方可借用，不论是原件还是复印件，借出归还时需员工签字确认	按需
发文抄送	公司一般性通知，如放假通知、最新的人事行政规定、最新的管理规定、发文，需要抄送给所有同事的邮箱，做好文件抄送的记录	按需

续表

项目	工作内容	完成时间
活动组织	协助人事行政部组织公司内部活动,包括活动时间的通知、场地的租赁、物品的采购、活动的流程规划及最后活动结果的反馈	按需
其他事项	1. 办公区域灯光早上8:30之前开启 2. 每周督促员工做好下周会议室的使用申请,保证会议室的使用畅通 3. 每天下班推迟10分钟离开公司,检查各项设备是否关好,灯光、空调是否关闭。如果有同事的计算机没有关闭,应帮他关闭计算机并贴上提醒便利贴,做好登记,本月若有三次没有及时关闭计算机,则予以警告并处以相关的处罚 4. 储存室钥匙、会议室钥匙、接待室钥匙均由前台保管,不允许任何人单独进入储存室 5. 公司车辆的钥匙由前台人员保管,公司出车登记在出车本上 6. 保证前台易耗品不能出现零库存 7. 对任何摆在前台的器材要了解清楚,并归放在位,不得摆放在前台显眼处超半小时 8. 前台下班及时关计算机、打印机等一系列用电设备	

表4-3 企业前台电话接听信息登记表

说明:前台应将来电信息及时反馈相关部门。

2020年5月15日

序号	时间	来电单位	来电人员	来电号码	来电事项	是否需要回访	备注
1							
2							
3							
4							
5							
6							
7							
8							
9							
10							
11							
12							
13							
14							
15							

表4-4 公司接待安排确认表

填表人		本次接待人员	接待负责人	
填表日期			接待人员1	
接待级别	□一级 □二级 □三级		接待人员2	
访客信息（必填）				
单位名称		到访人数		到访时间段	
访客类别	□政府/事业单位 □合作单位 □供应商 □其他_____				
访客姓名	身份证号（订票务必填写）	联系方式（订车务必填写）	行程安排	
交通安排（包含访客到访期间的接送机、公司参观、食宿游玩等的车辆安排）				
日期	起始地	乘车人数	车辆要求	联系人

续表

住宿安排				
入住人	房型	入住日期	退房日期	付款方式
	□双人 □大床 □套间			□公司 □自付
	□双人 □大床 □套间			□公司 □自付
	□双人 □大床 □套间			□公司 □自付
	□双人 □大床 □套间			□公司 □自付
	□双人 □大床 □套间			□公司 □自付

用餐安排				
用餐日期	用餐类型（早/午/晚餐）/时间	用餐人数	用餐地点	酒水要求

公司参观	
参观日期	参观路线

展厅准备	大屏欢迎词：_____（示例：热烈欢迎×××莅临×××参观指导） 大屏播放内容：□公司介绍标准版 □公司视频标准版 □自己准备 讲解人：_____ 产品展示：□需要×××××× □需要摆放×××××× □其他特殊产品：_____ 会务用品：□公司产品手册、画册、内刊 □矿泉水、纸巾 □摄像 □其他要求：_____
会谈准备	会谈人数：_____ 会谈地点：_____ 会谈时间：_____ □10~20人 □10人以下 会务用品：□公司产品手册、画册、内刊 □笔记本 □水性笔 □铅笔 □矿泉水 □茶水 □咖啡饮料 □水果 □点心 □纸巾 □摄像 □其他_____

续表

礼品领用			
赠礼日期	礼品名称	数量	具体赠予人
活动安排			
活动日期	活动地点	访客人数	公司陪同人员
审批栏			
部门负责人/项目负责人审批 签名：　　　日期：	分管领导审批 签名：　　　日期：		总经理审批 签名：　　　日期：
综合管理部负责人审核 签名：　　　日期：	经办人确认：　　签名：　　　日期：		
反馈栏			
您部门对本次接待是否满意？ □满意　□一般　□不满意	请提出您的宝贵意见，以便我们不断完善接待制度，为各部门提供更好的服务：		

表4-5 访客接待申请表

申请人		区域		申请日期	
客户名称			来访时间	20 年 月 日至20 年 月 日（共 天）	
来访目的			接待费用预算		元
来访客户详细情况					
来访客户： 1. 主要领导姓名：_____，职务：_____，联系电话：_____ 2. 主要联系人姓名：_____，职务：_____，联系电话：_____ 3. 来访客户共计_____人，其中_____男_____女					
往返交通信息	来访	交通工具_____，航班号/车次_____，到达时间_____，到达地点_____			
	返回	交通工具_____，航班号/车次_____，出发时间_____，出发地点_____			
接待要求	细节安排	1. 电子横幅：□需_____；□无须 2. 参观地点： 　□办公室　□生产车间　□展示室　□其他_____ 3. 接待地点：_____ 4. 讲解员：□技术讲解员　□推广讲解员　□其他指定_____ 5. 需求陪同领导：□总经理　□销售业务部经理　□其他指定人员_____			
	接待标准	□A级（高层领导类）；　　□B级（中层干部类）；　　□C级（业务技术类）			
	接待具体行程安排	1. 20 年 月 日至20 年 月 日； 接待安排： 2. 20 年 月 日至20 年 月 日； 接待安排： 3. 20 年 月 日至20 年 月 日； 接待安排：			
	车辆使用				
	各项要求	餐饮	住宿	旅游	
	备注				（其他需要协助事项）

续表

大区经理 审　批		（C级标准来访人员）
销售业务部经理 审　批		（B级或等同于B级标准来访人员）
营销管理部经理 审　批		（B级或等同于B级标准来访人员）
总经理 审　批		（A级或等同于A级标准来访人员）

表4-6　公司领导接待安排表

日期	时间	行程	人员、事务	备注
4月20日	10：30	××省××市环保局领导来访（2人）	物流—集团—科技城—会馆用餐	姚总、谢总、熊总陪同
	12：20	××市副市长一行抵达萧山机场	机场接机	奔驰8人座商务车，浙×××××；驾驶员：陆×龙
	13：00~14：00	大地商务会馆用餐	×××、×××、×××陪同	16人桌，酒水自带（送发礼品）；联系人：耿×爱
	14：00~15：00	考察传化物流并交流		
	15：00	赴杭州××酒店参加下午活动	×××、××、×××、××	

备注：

表4-7　企业宴请表

部门		申请人	
申请日期		宴请日期	
宴请对象		预计参加人数	
宴请事由			

续表

预计费用			
负责人审批			
备注			

表4-8 业务招待费申请单

年　月　日

申请部门		申请金额	
费用承担部门 （单位）		招待地点	
招待事由		招待时间	
招待类别	□外事招待（□外国政要　□一般客人） □商务招待（□贵宾　□一般客人） □公务招待（□要客　□一般客人）	招待人数	
		主陪人	
		陪同人数	
酒水领用		部门负责人	
审核情况 （费用核定）		综合部经办人	
综合管理部负责人			
分管领导审批			
总会计师审批			
主管领导审批			
申请人		联系电话	
备注：			

表 4-9 ××公司接待表

来宾单位				来宾人数		来访日期			
姓名	国别	性别	职务	姓名	国别	性别		职务	
来宾参观事由及要求									
有无摄像及其他新闻要求									
接待部门				主要接待人			陪同人		
饮食安排				住宿要求及安排			接车司机及车辆、联系方式		
接待日程安排									
接待负责人				备注					

第五章　企业行政公文与合同管理

第一节　行政公文管理工作

什么是行政公文？

提起企业的行政部门，很多人第一时间都会想到"打卡""文秘"等词汇。其实，行政管理是个相当庞大的系统工程，上到公司企业的资产管理，下到办公室的笔墨纸张，这些都是行政部门管理的对象。可想而知，要靠这么大的部门体系去运作一个更大的公司，那自然是离不开行政公文的。

那么，什么是行政公文呢？所谓行政公文，就是一家企业在生产运营过程中所形成的具有强效执行力和规范体式的公务文书。

企业发布的行政文书可用于落实企业战略部署，贯彻企业运营方针，发布企业规章制度，实施企业管理措施，指导基层员工工作，布置企业阶段目标，体现企业商洽工作，反映企业运营活动，记录企业阶段资料等。

可以说，企业公文管理规定就是让企业不断进步的敦促者，出台企业公文管理规定的目的就是让行政公文处理工作更加规范化、制度化。

为了处理组织内外事务与各种往来记录，各企业都出台了关于企业公文的管理规定。为了让公文符合规定，在公文起草完毕后，行政部门相关人员也会走一套公文校核的流程。

首先，拟印发的公文需要送往办公室审核、拟办。除非有特殊情况，否则未送办公室审办的公文不能直接呈送上级领导审批。

其次，起草完的公文在送办公室审办前，要由拟稿部门或小组严格把关，并在拟稿件上签上负责人名字。一些涉及其他部门问题的文稿，需要事先协商一致再行拟稿，同时还要附上文稿中涉及的相关资料与说明材料，附上的相关资料需详细，说明材料需简要。

再次，办公室进行文稿审核时，如果认为这件事没有发放公文的必要，则需提出意见并文稿报送主管领导，后按领导的批示办理；如果对文稿作了较大的修改，则要与起草文稿的部门协商修改，后将修改后的文稿报送主管领导签发。

复次，在文稿送签后，办公室要提醒领导催办，防止文稿成为积压文件。经过主管领导审批签发的文稿为印制公文的标准。

> ☆**注意**
>
> 公文校稿的检查重点为：文字、标点、版式、标记与格式；原稿与定稿是否有所不同，有无打印错误。

最后，定稿由办公室统一编发文号并制作，打印后，先送到拟稿部门或小组校对并让校对人签名，文稿才可发放。

从上述审校流程我们可以看出，企业行政公文的发放需要有相关领导的签发方能生效，而领导签发公文也需遵循以下规定：

1. 对外公文需要由公司总经理签发，如果有特殊情况，则需授权给其他领导签发。

2. 对内公文需要按工作分工交由各副总经理签发，如该公文为重大事项公文，则交由总经理或常务副总经理进行签发。

3. 经过会议讨论的公文，可以交由会议被授权人进行签发。

总之，行政公文是企业办公管理的重要组成部分。为了让企业的管理工作进一步规范化、制度化，我们还是要对行政公文有充分认识的。在了解什么是行政公文后，我们再来看一下公文的种类与处理方法。

行政公文种类与处理方法

公司使用的公文种类有以下几种：批复、通报、决定、会议纪要、规定、工作志、章程、条例、公告、工作简报、大事记、请示、函、通知、通告、报告、决议、制度。

虽然每个企业都需要结合自身情况来制定适合企业发展的行政公文管理规定，但通常情况下，企业的公文格式可以分为红头文件、内部通告、会议纪要和工作报告四种。

> **被企业使用次数最多的几种公文：**
> 通知、通报、通告、报告、指示、请示、函。

红头文件

红头文件的主要使用范围是印发制度与规定，在重大工作计划、人事调动与机构调整时，企业会使用红头文件的格式发放行政公文。

在直属企业管辖的企业一级部门，所有的红头文件必须誊抄上报企业领导，同时抄送并送至企业的行政部门，且公司二级及以下的部门不得印发红头文件。

内部通告

内部通告的主要适用范围是公司内部的日常事务性工作，或者公司内部工作联络的公司及部门一般性文件。

会议纪要

会议纪要的主要适用范围是记录公司或部门经营以及重要的工作内容和决议的文本。

工作报告

工作报告的主要适用范围是下级机构向上级机构的定期汇报。公司的工作报告通常分成工作周报、工作月报、年度工作报告三种，下级机构会将工作情况与工作计划向上级机构进行提出。

企业行政公文的处理时限通常为 2 个工作日，每份公文的审批时限为 1 个工作日，每份公文的分流环节时限为 30 分钟（特殊规定除外），紧急公文需要即时处理。

行政公文的处理程序通常分为"公文阅处—公文签发—公文分送—公文反馈与跟踪—公文清理、存档与销毁"五个阶段，下面我们来分别查看这五个处理程序：

公文阅处：所谓公文阅处，就是公司领导在收到公文后，需在公文上给出处理意见，对公文进行签发或批复。

公文签发：公文签发的签发权限为公司的董事长、公司总经理及副总经理等高管，在其权限范围内，可以用公司的名义签发红头文件、内部通告等公文；各部门的相关负责人需要在规定权限内，用本部门的名义签发公文。以公司名义行文的公文，签发方式是经审签后，盖本公司的公章发出，在公司内部行文，也可以通过签发人签名的形式发出。

公文分送：企业在公文分送方面主要采用邮递、传真、签收、电报、电子邮件等发送方式。通常情况下，在发送公文时应采用签收方式，尤其是公司的机密公文及人事资料等重要公文，更需要将信封封口，遣专人专送。至于其他方式的分送公文，则应由分送人做好跟踪与记录工作。

收件的工作人员需要将公文进行核定，如信封、文件、文号和秘字等。如果发现其中的一项不对口，就应当即刻通知发文机构，登记出错的文件。对那些封口已经被撕毁的公文需要拒绝签收。经各个部门的人事行政部审核后，如发现公文在格式或内容上存在较大错误，则需退回原部门重新拟写。在工作中，相关人员也应当积极、准确、快捷地把公文事务处理好，同时严格遵守公司的保密制度，不将公司的秘密外泄。

公文反馈与跟踪：在人事行政部接到公司领导的批示后，需要尽快把批示件与原件反馈给拟办部门，同时注意将批示件的复印件进行保存。

公文清理、存档与销毁：公司各部门的文员，以及相关的工作人员都应对收发的公文进行每周一次的整理。对于那些有存档价值的公文，则需按照公司档案管理制度的规定，向相关管理部门移交档案。

行政公文的规范化语言与格式

行政公文是企业出台的公务文书，它需要有一套专门的处理方式，在上报或下发公文时，相关工作人员也要遵循一定的规范性语言。

企业行政公文的行文要求主要有以下九条：

1. 行政公文要精练。行政公文要坚持少而精的原则，不要做得过于冗长。

2. 行政公文要及时发出。由于行政公文的必要性和时效性很强，所以行政公文一定要及时发出。

3. "请示"类行政公文要做到一文一事。这类公文只能写一个主送单位，如果有必要同时送呈其他平行单位或下属单位，则应采用抄送形式。

4. "报告"类行政公文中，不得夹带请示类事项。

5. 行政公文不得越级发放。公司其实是个等级非常分明的场所，所以，行政部门需要根据各人员的职权范围和隶属关系进行公文发放确定，除非有特殊情况，否则行政公文是不能越级请示或报告的。

6. 呈送上级主管单位的行政公文通常采用"请示"或"报告"两种形式，而向无隶属关系的同级部门发放公文，则采用"函"的形式。因为同级部门间交流大多是洽谈工作、请求批复和询问答疑等，不存在

"请示"和"报告"的情况。

7. 在职权范围内，相关工作人员可以使用公司的名义，以公文的形式答复分公司请示事项。

8. 行政公文要贯彻"政党分开"的原则。相关工作人员不得通过行政的名义，向党组织上报请示类公文，也不得以行政公文的名义对党组织下达指示。

9. 凡是可以通过电话、口头传达、当面汇报等便捷方式解决的问题，尽量不要使用公文。

在了解行政公文的行文要求后，我们不难发现行政相关工作人员需要具备一定的文化水平与政治素质，且要有作风严谨、工作积极、恪尽职守的良好意识，这样才能满足公文处理的基本要求。我们再来看一下行政部门在拟写公文时，需要注意的八条规范化语言要求：

1. 企业行政公文的内容一定要符合国家的法律法规，要符合政府的政策方针，要符合实际情况，符合企业与上级主管部门制定的相关规定。

2. 企业行政公文的内容一定要做到条理清楚、文字精练、用词准确、标点恰当、观点明确、情况准确，要做到篇幅简短，体式得当，在必要时使用规范化简称。

3. 企业行政公文的内容在涉及企业机密或国家秘密时，一定要根据《中华人民共和国保守国家秘密法》的相关规定，准确地划定密级，并按照要求明确标明相关密级与保密期限。

4. 企业行政公文内容在涉及人名、地名、公司名、数字、数据时，一定要做到行文准确。

5. 企业行政公文的成文时间要写具体的年、月、日，在引用公文时，要先引用标题，再引发文字号。

6. 企业行政公文如果使用到国家法定计量单位时，除了成文时间、结构层次标注、序数、词或词组、缩略语、惯用语和具有修饰性语言的数字可以使用汉字外，其余的一律使用阿拉伯数字。

7. 企业行政公文中关于章节序数的写法需要按照以下顺序进行排

列:第一层为"一",第二层为"(一)",第三层为"1",第四层为"(1)"。

8. 企业行政公文需要使用钢笔或签字笔书写原稿,后用计算机打印稿件,原稿需附在打印稿后面。

一般来说,行政公文的书写格式由标题、主题词、正文、成文日期、发文机关标识、发文字号、签发人、主送机关、秘密等级、保密期限、紧急程度、附件、附件说明、附注、印章、抄送机关、印发机关、印发日期等部分组成。

> ☆**公文的通用格式**
>
> **版头**:份号、秘密等级、保密期限、紧急程度、发文机关标识、发文字号、签发人。
> **主体**:标题、主送机关、正文、附件、附件说明、附注、发文机关署名、成文日期、印章。
> **版记**:印发机关、抄送机关、印发日期、页码。

公文用纸的纸张定量:$60\sim80g/m^2$ 的复印纸或胶版印刷纸。

公文用纸的纸张白度:$80\%\sim90\%$。

公文用纸的横向耐折度:≥15 次。

公文用纸的不透明度:$\geq85\%$。

公文用纸的 pH 值:$7.5\sim9.5$。

公文用纸的纸张大小:A4 纸($210mm\times297mm$)。

公文的字体:在没有特殊要求与说明的情况下,公文要素使用 3 号仿宋字体。

公文的行数与字数:在没有特殊要求与说明的情况下,每面 22 行,每行 28 字,需要撑满版心。

公文的印刷与装订要求:双面印刷,左侧装订。

以上是行政公文的规范化语言与格式,下面我们来分别查看各类公文的写作要点与实操。

通知类公文写作要点与实操

通知类公文是企业最常用的行政公文之一,按照此类公文的性质来划分,通常可以分为告知性通知、会议性通知、布置性通知、发布性通知和任免性通知。

通知类公文的组成部分主要是标题、正文、结尾(落款和时间)。

我们先看标题部分。通知类公文的标题有两种格式,一种是由发文单位和文种构成的公文规范性标题,如《××企业(发文单位名称)通知》;另一种是由事件和文种构成的公文事由性标题,如《关于落实会计从业资格培训的相关通知》。

我们再看正文部分。因通知类公文的性质(告知性通知、会议性通知、布置性通知、发布性通知、任免性通知)不同,所以正文在写法和要求上也不尽相同。

告知性通知与布置性通知是由上级领导向下级单位作出工作指示或布置某项工作时使用的通知,所以这两种性质的通知类公文的正文要求是:缘由充分,行文简洁,只交代清楚待办的事项即可。所以,这两种性质的通知类公文的结尾往往是惯用语——"以上望周知""特此通知"等。

发布性通知大多以转发或转批的文件为主,通知本身就是一则转发单。所以,这类通知类公文的正文部分通常是以转发文件为主,再在末尾部分加上一句"现将××转发给大家,请研究后参照执行"。

会议性通知正文要涵盖两部分,一部分是通知的缘由,另一部分是通知事项及内容。在通知缘由部分,文件起草者需写出召开会议的目的及意义,在通知事项及内容方面,文件起草者需交代会议的议题,召开会议的时间、地点、参会人条件范围等。

任免性通知正文按照任命与免职又分为任命通知与免职通知,任命通知只有人事变动内容，而免职通知则需表明免职原因。因为任免性通知涉及组织人事变动，所以在撰写正文时要在人名次序排列、措辞和提法上慎重对待。

通知类公文范例1：

会 议 通 知

各部门：

  为了让各部门工作得以顺利开展，公司领导经研究决定定期召开公司员工例会，具体通知如下：

  例会召开时间：每周三下午5：00；

  例会召开地点：主楼三层大会议室；

  参会人员：公司全体人员，如有不能参会的情况请提前通知行政部门。

2020年3月20日
××公司行政部

通知类公文范例2：

辞 退 通 知

_____先生：

  你自20____年____月____日起至20____年____月____日连续旷工超过7日，且在收到公司旷工通知后仍然没有给出旷工理由继续旷工。你的行为违反了《员工守则》第十二条第6款：月迟到或早退达3次以上者，或连续12个月累计迟到早退10次者，或连续旷工超3天、无理由连续旷工超2天者，公司予以辞退处理。根据公司的相关规定，你的行为已经构成严重违纪。现公司正式通知你：

  1. 请你于收到本通知的3日内，对自己的上述行为作出合理解释，并给出相应依据，逾期视为放弃在本公司工作，双方的劳动关系将在3日后自动解除，公司不再通知。

2. 请你于双方解除劳动关系后的 3 日内配合部门主管办理手续，用于交接公司的工作和财物。

特此通知！
人事部：（签字盖章）
20＿＿年＿＿月＿＿日

通报类公文写作要点与实操

通报类公文主要由标题、主送单位、正文和结尾（发文单位、日期与公章）组成。

我们先看标题部分。通报类公文的标题有两种：一种是完整标题，另一种是由事由加文种的不完整标题。有时，一些简单的通报类公文也会直接使用"通报"二字作为标题。

我们再看主送单位部分。大部分通报类公文都有主送单位，但少数普发性公文不存在主送单位，所以可不填写此项。

最后，我们来看正文部分。通报类公文的正文部分通常由四方面组成：

引言部分。负责对通报内容、性质、作用和要求作一个概括。

事实部分。通报主要是表扬性通报和批评性通报，表扬性通报公文需要先写明先进事迹（事实），再写出表扬内容；批评性通报公文需要先写明错误事实，再写出批评内容。因此，事实部分需要将事实写得既清楚明了又简明扼要。

分析和处理部分。在这一部分，拟写通报者需要对通报对象的先进事实或错误事实进行分析，要写出先进事实或错误事实的本质和原因，并提出相应处理意见。表扬性通报要写出相关奖励内容，批评性通报要写出处分决定。

号召或要求部分。这一部分需要写明通报精神，表扬性通报要写出

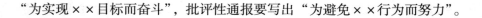

"为实现××目标而奋斗",批评性通报要写出"为避免××行为而努力"。

通报类公文范例1：

通 报 批 评

公司各部门、中心：

  我司××部门的××员工，在上班时间利用公司资源拨打私人电话，此行为系个人占用公司资源行为，违反了《员工守则》第三条第7款：因私人原因占用公司资源者，首次发现罚款500元，累计发现3次予以辞退处理。此行为在公司内部造成了不良影响。

  根据相关规定，公司决定对××员工处以500元罚款，并记警告一次。

特此通报，望以诫之

××签字盖章：_____

2020年3月20日

通报类公文范例2：

通 报 表 彰

公司各部门、中心：

  在研发部的共同努力下，我司研发工作有了很大突破，尤其是研发部第三小组的××工程师、××工程师、××员工和××员工，在本次新产品研发方面有突出表现。

  经公司研究决定，对研发部第三小组的××工程师、××工程师、××员工和××员工四人予以通报奖励，并依次奖励2 000元、2 000元、500元、500元，以资鼓励。希望各位员工能学习四人的主人翁精神，以公司发展为前提，以提高公司效益为己任，在各自岗位上勤勉进取。也希望受到表彰的员工能在今后的工作中再接再厉，争取再创佳绩。

公司行政部

2020年3月20日

通告类公文写作要点与实操

通告类公文按照内容的性质进行划分，主要可以分为两种通告形式：法规性通告、告知性通告。

我们先看法规性通告。这类通告内容主要是关于公司各方面应当遵守的、带有法规性质的事项。所以，法规性通告有更强的约束力，一旦发布，公司各个部门都需要切实遵守和执行相关规定。如《××公司关于迟到早退通告》就是一个法规性通告。

我们再看告知性通告。告知性通告是应用场景较多的一种形式，其目的是告知大家某件事情，比如，公司发生的新变化、新情况；再如，公司发布的新规定、新决策等。告知性通告通常不具备法规性，但也有一定的约束力。这类通告大多比较专业，且比较单一。

通告类公文的结构由标题、正文、生效标识和落款四部分构成。

我们先看标题部分。通告类公文的标题与公告标题形式基本相同（四种形式），根据实际情况的不同，企业可以选择适合自己的标题形式。

形式一，由发文机关、事由和文种组成的标题，如《××公司关于××项目的安全通告》。

形式二，由发文机关和文种组成的标题，如《××企业人事部通告》。

形式三，由事由和文种组成的标题，如《关于维护公司秩序环境通告》。

形式四，只用文种的标题，《通告》。

与公布性公文一样，通告也不需要写主送单位。

我们再看正文部分。通告类公文的正文部分通常由三个层次组成：通告依据与原因、通告的具体事项、通告的结尾。

在写通告依据与原因时，可以使用"现作出如下通告""特通告如下"等过渡语，用来导出通告的第二部分；在写通告的具体事项时，为了让整篇通告条理清晰，拟写者可以使用分条列项的方法书写；在通告的结尾部分，拟写方可以提出要求，并以"特此通告"作为总结。

接下来我们看生效标识部分。在正文右下方，需要写明发文机关的全称，并且加盖印章。有些通告在标题中会写明发文机关的全称，那这一类通告的生效标识部分可以不再写全称。

最后，我们来看落款部分。通告类公文的落款部分与标题有关联：标题中标明发布机关的，落款部分可无落款；标题未写明发文机关的，落款需要注明发文机关全称。通告类公文的发布时间可以写在落款后面，也可以写在标题前后。

通告类公文范例：

庆 典 通 告

公司各部门、中心：

为庆祝我司成立10周年，公司特于20＿＿＿年＿＿＿月＿＿＿日晚6点举行庆典活动，活动地点在××大酒店（××区××路×××号）牡丹大厅。不能参加的员工请提前告知行政部。

××有限公司行政部

报告类公文写作要点与实操

报告类公文在写作内容方面要做到真实可靠、要点突出，对情况要如实反映，并且分清主次，这样才能方便上级领导清楚地了解情况、处理问题。

由于报告的种类繁多——工作报告、答复报告、专题报告、综合报告、情况报告、报送报告等——所以我们需要根据各类报告的特点来具体操作。不过，不管哪一类报告，其格式都是由标题、主送单位、正文和落款四部分组成的。

我们先看标题部分。报告类公文的标题在写法上有两种形式,一种是公文规范标题,另一种是普通标题。公文规范标题是由发文单位、事由和文种组成的,如《××公司关于新产品开发资金使用情况报告》,普通标题是由事由和文种组成,如《关于公司实行打卡制度报告》。

我们再看主送单位部分。主送单位就是"接收这份报告"的上级单位或组织。所以,主送单位的位置应当介于标题和正文之间,且要顶格独占一行,并尽量使用全称,如"××有限公司人事部"。

我们下面来看正文部分。正文部分是报告的主体,且结构通常由开头、具体事项和结尾三部分组成。

开头:开头作为正文的导入语,其需要承接好标题中的事由,并导出这份报告的目的,简单来说,就是要告诉主送单位为什么要做这份报告。通常情况下,报告类公文会使用"现将有关情况报告如下"作为过渡语,这句话会起到承上启下的作用。而且,这部分要求紧扣标题且简单明了。

具体事项:这部分就是报告中的实际内容,通常包括事由的基本情况、问题、经验、体会和下一步打算等内容。在一份报告中,这些内容有的写,没有的可以不写,要具体问题具体分析,做报告时也要有所侧重。

结尾:结尾使用惯用语即可,如"以上报告如有不妥请批评指正"或"特此报告"等。

我们最后再来看落款部分。通常情况下,落款部分要写发文单位的名称、负责人姓名、发文时间等,最后还要加盖公章。

报告类公文范例:

关于请求同意××分公司采购部购置公用车的报告

××总公司:

随着市场经济的发展以及我分公司规模的扩大,我分公司采购部需要采购的次数与物品也越来越多,而采购部仅有 1 台采购车辆及 1 台接待车辆，且型号老旧车况较差，经常进厂修理，严重耽误采购和接待工作。故我分公司采购部急需添置 2 台采购车辆，拟购置车辆为价值××万元的××型号车辆（排量为××，实际支出以发票金额为准）。

申请人：×××

附件：××分公司采购部拟采购车辆定编申请审批表

××分公司行政部

20____年____月____日

指示类公文写作要点与实操

指示类公文在结构上是由标题、受文单位和正文三部分组成的。

我们先看标题部分。标题部分主要有三方面内容：发布指示的单位或组织；指示的中心内容；文种。如果发布的内容是急切且有时间限制的，拟写单位需要在标题的指示前注明"紧急"二字。如果是紧急指示类公文，还需在标题下方注明指示发布的时间或文号。

我们再来看受文单位部分。在拟写正文前，需要先写明受文单位的名称。

我们最后来看正文部分。指示类公文的正文通常由两部分组成，第一部分是发布指示的原因和依据，第二部分是指示的具体内容。当然，拟写的重点要放在第二部分。

拟写指示类公文时，通常要采用分条列项的方式撰写，这样方便受文单位理解，且方便这项指示的贯彻和落实。

一般来说，指示类公文的正文部分要分三个层次：

第一，简明扼要地阐述指示，并且将指示的主旨和依据进行说明。如果是贯彻性指示，还需要把相关公司规定、意义和具体内容写明，同时要告知受文单位应着重在哪方面进行贯彻。

第二，要详细写明指示的内容，通常使用"为××特发本指示"

"特作出如下指示"等过渡语承接下文，然后再具体展开。展开后，需要先说明指示的具体条款，如完成的方法、措施等，然后再说明相应的工作指导思想。这一部分的文字要精练准确。

第三，指出落实这份指示的要求，并使用惯用语"以上各点，请结合实际情况具体实施""以上诸项，望立即推行"等作为总结。

指示类公文范例：

××公司关于暂停产品研发指示

××公司各级代理商：

最近，我司自主研发的××系列产品由于生产成本大，且利润微薄，故公司经董事会研究讨论，对相关问题作出如下指示：

（一）暂停××系列产品的研发。

（二）由××公司××地区分部研发部门接手该系列产品，并对此产品进行重新研发，力求降低成本。

（三）产品是企业赖以生存的根本，本着对公司负责的态度，希望××地区分部研发部门积极妥善地处理此事，以上各点，请结合实际情况具体实施，望立即推行。

××公司总经理办公室
20＿＿年＿＿月＿＿日

请示类公文写作要点与实操

请示类公文根据用途和性质进行划分，可划分成请求性请示、陈述性请示和建议性请示三种。顾名思义，请求性请示的目的是表达请求；陈述性请示是陈述一个事实；建议性请示则是为了表明自己的观点并给出建议。

不过，无论哪种请示，都是由标题、主送单位、正文和落款这四部分组成的。除了这四个部分外，一些请示还需要加上附件。

我们先看标题部分。请示类公文的标题通常有两种写法，第一种是公文规范性标题，第二种是省略性标题。公文规范性标题是由发文单位、事由和文种组成的，如《××公司关于××事件的请示》；省略性标题会省略掉规范性标题的一部分，通常是省略发文单位，如《关于××问题的请示》。

我们再看主送单位部分。主送单位就是接收这份请示的上级单位或机关，所以，主送单位的位置要在标题与正文之间，且要顶格并独占一行。主送单位要写明全称，且不能越级写主送单位（特殊情况除外）。

我们接下来看正文部分。请示类公文的正文部分也是由开头、主体与结语三部分组成的。在开头部分，我们要写明请示的原因；在主体部分，我们要写清请示的具体事项，以及处理这件事情的具体措施；在结语部分，我们要使用惯用语如"望批复""望批示""特此请示"等。

我们最后来看落款部分。请示类公文的落款需要写明发文单位与成文日期。发文单位要写全称，成文日期也要把"年、月、日"写全。

请示类公文范例：

××公司研发部关于开发新产品需拨款100万元的请示

尊敬的××公司董事会：

  为了更好地回馈公司，为了让公司在竞争日益激烈的市场上站稳脚跟，我研发部门决定开发一款新产品作为明年第一季度的销售主品。

  开发的新产品为高新科技产品，需要绘制图样、采购原料、反复试错且需配以专门机器进行研发，故需要董事会审核批准拨款100万元专款专项用于这款产品的研发。产品研发成果，拟为公司明年第一季度带来1亿元人民币业绩。

  以上请示，望批复。

××公司研发部
20____年____月____日

第二节　企业合同管理

合同管理的内容

合同管理是办公室管理的重要工作之一，其目的是实现合同价值，并按照合法、规范的要求对公司合同进行拟定、审查、签订、修改、履行、变更、解除、终止、合同纠纷处理及保管归档等工作。规范合同管理能帮助公司更好地防控法律风险，维护公司的合法权益。

合同管理的基本内容是签订、履行、变更、解除、转让和终止，合同管理的必要手段是监督、审查和控制。随着市场经济的不断发展，合同管理已经成为办公室管理的一项重要性工作，具体包括以下几方面内容：

1. 建立合同管理机构。

合同管理工作虽然是办公室管理工作的重要组成部分，但与其他管理工作相比，合同管理是超越公司自身限制的内容，因为合同管理会涉及一些专业法律问题，所以，企业的合同管理工作需要办公室与法务部门共同管理。法务部主要起监督审核作用，所以，办公室需要将签订好的合同递送法务部审查，审查无误后再进行统一归纳管理。

2. 健全合同管理规章制度。

若想让合同管理更加科学规范，管理者就要从完善相关规章制度入手，让合同管理工作有章可循。

办公室合同管理制度应该包括：合同资信的调查、签订、审批、会签、审查、登记、备案；合同的归口管理；合同示范文本管理；合同履行与纠纷处理；合同定期统计与考核检查；合同管理奖惩与考核等内容。

通过建立完善的合同管理制度，合同管理的权责会更加明确，这样也能让合同管理的整条流程都处在办公室负责人的控制中。

根据相关规定，合同一般需要具备以下几点条款内容：

1. 标的。

这是合同必须要明确约定的条款，也是任何合同成立的必备因素。如果标的是动产，则应在合同中明确名称、规格、型号、性能以及相应的参数信息等内容。如果标的为不动产，则应该在合同中标明名称和具体地点。如果标的为服务、劳务、施工等行为，则应该在合同中标明行为的名称、性质、范围以及具体的开展方式等内容。如果标的为知识产权，则应该在合同中明确名称、性质、权利状况和性能用途等信息内容。

2. 数量。

标的的数量也是合同中的重要内容，在审查合同内容时，尤其要注意标的数量的计量单位和计量方法，以及具体的数目是否正确。

3. 质量。

对于有国家强制性标准的，一定要在合同中明确标准代号的全称。如果有多种可适用标准的，则应该在合同中明确适用哪一种，并明确质量检验的方法、责任期限和条件等内容。

4. 价款或报酬。

价款或报酬条款应该明确支付的货币币种，以及合同金额是否含税，是结算金额，还是估算金额。同时还要明确支付方式是现金、汇款、转账、支票等方式中的哪一种，并要有付款条件和时间等内容。

5. 履行期限、地点和方式。

履行期限、地点和方式也是合同的重要条款，在合同中应该约定清楚。

6. 违约责任。

违约责任条款应该明确承担违约责任的条件、时间和方式是否明确。同时还要注意对方提供的合同文本中约定的违约责任是否公平。

7. 争议解决方式。

常用的争议解决方式主要有两种，即仲裁和诉讼。合同双方可以协商确定选择哪一种方式，这一条款必须要在合同中标明。

企业合同管理的意义与目标

合同管理在市场竞争日趋激烈的今天，逐渐发展成影响公司经济效益获得的重要因素。作为办公室文件管理工作的重要内容之一，公司做好合同管理具体有以下几方面的意义：

1. 良好的合同管理可以让公司树立良好的公众形象。

诚信形象是公司必须要具备的。通过规范化的合同管理，公司可以树立起良好的诚信守约形象。合同管理水平的高低在一定程度上能反映出一家公司的好坏，而公司之间也可以通过彼此的合同管理工作，对对方公司作出一个准确判断。

2. 良好的合同管理有利于公司参与市场竞争。

公司在市场中开展的各种交易行为，几乎都跟合同有着密不可分的关系。比如，在生产时，公司要与工厂签订买卖合同；货物运输时，公司需要签订运输合同；发生资金借贷时，公司需要签订借贷合同；建设工程时，公司需要签订工程合同、技术合同、承揽合同等。可以说，合同的管理情况会直接影响到公司生产活动的进行以及公司在市场竞争中的声誉。可见，公司只有遵循合同订立和履行的要求，才能更好地参与市场竞争；只有学会合理利用和管理合同，才能适应激烈的市场竞争。

3. 良好的合同管理可以有效减少公司的经营风险。

从法律角度看，合法签订和履行合同内容是确保公司获得经济效益的重要途径；从办公管理角度看，加强对合同履行环节的监督和审查则可以减少潜在的经营风险。通过对合同履行情况进行跟踪管理，则可以尽快解决合同中遇到的问题，从而避免公司因合同问题而出现的经济损失。

合同管理的目标贯穿合同管理活动的全过程，其具体表现在以下两个方面：

1. 合同管理的目标是保证合同效力。

公司进行合同管理的目的之一就是保证企业合同的质量，保证合同不会丢失。这样既能减少纠纷，也能保障公司的合法权益。

2. 合同管理的目标是降低企业合同风险。

合同风险不仅来自合同的签订，也来自合同履行过程中。因此，办公室合同管理工作需要在管理过程中尽早发现合同中的相关风险，并积极上报法务部，以合法合理的手段对风险进行规避与化解。

企业合同管理流程

公司对合同的管理不仅仅局限在保管阶段，定期对合同审查也是办公室的重要管理工作之一。企业合同管理流程可以分为"合同订立阶段的管理"和"合同履行阶段的管理"两种，其具体流程如下。

一、合同管理的责任分配

合同管理的归口部门为行政部门，行政部门的合同管理专员需要负责对所有合同进行编号及归档，同时，合同管理专员也要负责合同相关档案的收集与整理工作，并负责合同档案的借阅、保存与销毁。

二、合同归档前的调查工作

在合同订立前，相关负责人需要配合法务部门，对合同进行充分调查，在核查无误后，再将合同进行统一保存。合同调查主要包括以下三点。

1. 调查主体资格。

主体资格调查主要是调查对方是否具有相应的民事权利能力和民事

行为能力。具体可以审查对方的身份证件、法人登记证书、授权委托书等资料。在必要时，还可以联系发证机关核查对方证件的真实性和有效性。

2. 调查资信水平。

资信水平调查主要是调查对方的财务能力，是否能够保证其履行合同。具体的调查内容包括对方的注册资本、财务报告和银行资信证明等。企业需要根据这些内容，评估对方的财务能力，并作出是否签订合同的决定。

3. 调查履行能力。

履行能力调查主要是调查对方履行合同标的的能力。具体方法有了解对方的生产能力、技术水平等情况，现场调查对方的生产情况和技术水平，从而确定其是否具有合同履约能力。

在进行完合同调查之后，企业便可以得出是否签订合同的决策，随后便可以继续进行合同订立阶段的下一环节。

三、合同的归档要求

1. 合同的编号规定要求。

合同号是合同档案的唯一保管单位，由年度号、分类号、顺序号和部门代码四部分构成。

年度号指的是文件材料的形成年份，是由四位阿拉伯数字组成的。

分类号是档案号的主体，是按照合同类别和拼音首字母分别给予的识别代码。

顺序号指的是公司在当年的某一类合同中的序号，通常用阿拉伯数字0001、0002等来表示。

部门代码仅出现在销售合同中，通常用各部门汉语拼音简称表示。

2. 合同签订人（经办人）在合同上签字，并由领导审批后，要交合同管理员处编号、盖章并存档。

3. 合同签订人（经办人）需要将相关档案资料及时交给合同管理员，并定期将合同相关资料提交。

4. 所有以公司名义签订的合同，其有效原件需要在公司内部进行归档处理，各部门、科室只允许留复印件备查。合同管理员需要定期统计各部门、科室所递交的合同，验看是否有未收回的合同清单。

四、合同的保管期限及销毁

合同的归档，应当从合同签订的当日开始计算合同的保管期限。

合同的销毁，是需要各合同管理员定期检查的。任何组织和个人都无权擅自销毁公司的合同、档案及材料。同时，保管合同的文件柜要具备防火、防潮、防有害生物等功能，以确保合同的安全。

五、合同的借阅与发放管理

公司的合同原件一律不允许借出。

有特殊原因需要借阅公司合同的，需要填写合同借阅申请单，经部门经理核批后再到管理员处办理借阅手续。合同只可借阅复印件，且借用期限为一周，到期需立即归还。如因工作需要继续借用，则需在归还后再次办理借阅手续。

借阅人需要保证借阅件的安全性和保密性，严禁转借、涂改等行为。

第三节　行政公文与合同管理基本表单

红头文件

公 司 文 件

〔2013〕01 号

紧急程度	
密　　级	
保密期限	
保密范围	

关于下发红头文件格式的通知

各部门：

　　红头文件格式基本规定：公司红头文件由文件头、发文字号、标题、秘密等级、紧急程度、主送机构、正文、印章、主题词、抄报抄送机构、附件等部分组成。

　　1. 文件头：适用于公司或一级部门重要文件，全称为"公司文件"，红色字体，黑体加粗，小初号字。

　　2. 发文字号：包括机构代字、年号、顺序，宋体，四号字；"某办""某财"适用公司文件，"某"代表"某公司"，"财、行、人、工等"分别代表一级部门文件；〔2013〕01 号代表 2013 年 1 号文件；公司文件编号由董事长办公室统一编号，人事行政部存档。

　　3. 标题：黑体加粗，小三号字。应当准确、简要地概括文件的主要内容，一般应标明公文种类，除印发规章制度和批转文件外，一般不加书名号，如"关于下发红头文件格式的通知"。

　　4. 秘密等级、紧急程度：秘密等级分"普通""机密""绝密"，紧急程度分

"紧急""急""普通",如为"普通文件"则不需加标注框。

5. 主送机构:宋体加粗,四号字。

6. 正文:宋体,四号字。

7. 印章:公司文件落公司全称并盖章,部门文件落部门全称并盖章。

8. 主题词:文件主题词一般包括三到四个词语或词组,最多不超过七个。第一个词语是按工作性质作分类概括,一般用"董办""工程""人事""财务""营销""审计监察""客服""招商"等。中间的词语一般是概括该文件的主要内容,大都从标题中抽取。结尾词语是说明该文件所属公文种类。

9. 抄报抄送机构:抄报为发文的上级机构,抄送为发文的平行机构。

10. 附件:文件如有附件,应在正文之后注明附件名称和顺序。

××有限公司

2013 年 11 月 15 日

主题词:

抄　报:

抄　送:

拟　稿:　　　　　联系电话:　　　　　校对:

内部通告		公司	
致:		编号:通告〔2013〕01 号	
由:		日期:	
页数:		签发:	
主题:			

内部通告格式说明:

内部通告格式基本规定:公司内部通告由主送机构、通告编号、发文单位、签发人、主题、正文、附件、抄送抄报机构等部分组成。

1. 主送机构:在通告里用"致"表示。

2. 通告编号：包括机构代字、年号、顺序，如通告〔2013〕01 号，"某"代表"某公司"，"2013"代表年号，"01 号"代表 1 号通告。部门通告机构代字则在""后加部门代字，如财通告〔2013〕01 号中的"财"代表"某公司财务部"，公司内部通告编号由人事行政部统一编号，各部门通告编号由本部门统一编号。

3. 发文单位：在通告里用"由"表示。

4. 签发人：根据公司授权确定签发人，公司内部通告由公司董事长授权的总经理、副总经理、董事长（总经理）助理签发，部门内部通告由部门负责人签发。

5. 主题：与正式公文标题格式一致，一般为"关于＋事由＋公文种类"，如"关于召开年度总结表彰大会的通知"，其中"召开年度总结表彰大会"表示事由，"通知"指公文种类属性。

6. 正文：宋体、小四号字。

7. 抄报机构：通告需知会的上级机构，如不需知会则不需抄报。

8. 抄送机构：通告需知会的平行机构，如不需知会则不需抄送。

抄报：

抄送：

文件呈阅单

表 5-1　文件呈阅单 1

撰文人		文件号：	
撰文日期		文件类别：□请示　□报告	
撰文部门		密级：	紧急程度：
主　　题			
报：	抄报：	抄送：	
主办部门意见：			

续表

相关部门会签：
分管副总批示：
总经理批示：
集团领导批示：

表 5-2　文件呈阅单 2

总经理批示					
分管领导会签					
承办部门负责人审核					
标题					
主题词					
文号	[20　]号	密级		急缓	
拟稿部门		拟稿人		拟稿日期	
主送部门					
抄送部门					
附件					

填写要求：

  1. 主题词：可以代表公文主题内容的词语。

2. 文号：统一由办公室进行编号填写。

3. 密级：根据需要填写"绝密""机密""一般文件"。

4. 急缓：根据需要填写"特急""紧急""常规"。

5. 主送部门：公文的主要受理单位，即需按照公文内容答复事项、办理工作的单位。

6. 抄送部门：除主送部门外需要执行或知晓公文的其他部门或主送部门的相关领导或管理部门。

公文处理单

表 5-3　公文处理单 1

来文单位		密　级	
收文编号		收文时间	
文件标题			
办公室意见			
领导阅批			
阅者签字			
办理情况			

表5-4　公文处理单2

公文名称			来文编号	
来文单位			来文时间	
拟办人		拟办意见		
拟办时间				
阅批人		阅批意见		
阅批时间				
承办部门		承办意见		
承办人				
承办时间				

发文审批单

表5-5　发文审批单1

文件标题				
附件名称				
发文范围				
拟稿单位		拟稿人		拟稿单位审核
办公室核稿意见				

续表

领导批示：						
会签						签发人：
主题词				打　字		
文件编号				校　对		
印发份数				日　期		

谢谢您的高效率批阅！　　　　　　　　　　阅后请退回办公室　联系人：

表5-6　发文审批单2

拟稿部门		公文编号			
拟稿人		会签：		签发：	
日期					
审核人				年　月　日	
日期					
文字校核					
日期					
标题					
附件					
主送					
抄送					
急缓		密级		印数　____份	

表 5-7 工程合同审批表

日期：　　年　　月　　日

申报单位	
项目名称	
合同编号	
合同内容	
合同标的	
合同经办人	
律师意见	
项目公司部门负责人	
集团总师办	
集团造价审计部	
项目公司分管副总	
项目公司总经理	
集团总师	
成本控制中心主任	
集团总裁	
备注：	

表 5-8 工程进度款付款审批表

项目名称				
承包单位				
合同金额				（万元）
至上期末已累计	应付款	（万元）	实付款	（万元）
工程完成情况				

续表

承包单位本期申报工作量			经办人：	
经审核本期完成工作量				
按合同本期应付款	（大写）			
本期应扣甲供材料、设备款	（万元）	本期其他应扣款		（万元）
本期实际应支付款	（大写）			
审核	项目工程部	项目财务部	分管副总经理	
总经理审批				
项目名称				
承包单位				
合同金额				（万元）
至上期末已累计	应付款	（万元）	实付款	（万元）
工程完成情况				
承包单位本期申报工作量			经办人：	
经审核本期完成工作量				
按合同本期应付款	（大写）			
本期应扣甲供材料、设备款	（万元）	本期其他应扣款		（万元）
本期实际应支付款	（大写）			
审核	项目工程部	项目财务部	分管副总经理	
总经理审批				

表 5-9　工程结算申请表

日期：　　年　　月　　日

合同名称				编号	
概况	承包单位				
	承包范围				
	竣工验收时间				
	合同工期				
	施工时间	开工时间：		竣工时间：	
	签证工期		日历天		
工程部意见	交工验收情况 （交付时间）				申请人：
	资料提交情况	承包人确定的竣工图　□ 变更签证单齐全　□ 符合当地城建档案馆存档要求的资料齐全 （除双方确认的结算书）　□			部门负责人：
	工程质量情况				
造价审计部意见	结算资料 是否齐全				部门负责人：
	结算审核 时间安排				
分（子）公司分管副总					
备　　注					

表 5-10　工程合同执行情况评估表

项目名称：　　　　　　　　　　　　填写日期：　　　年　　月　　日

合同名称				
承包单位（承包人）			资质等级	

序号	内容	经验总结		
1	合同订立（招投标、合同的规范性等）			
2	工程质量控制			
3	施工工期控制			
4	工程成本控制			
5	合作配合情况			
6	其他情况			
	项目公司对施工单位的综合评价	□优秀　□良好　□一般　□较差		
1	质量控制	□优秀　□良好　□一般　□较差	填表/负责人签字：	
2	工期控制	□优秀　□良好　□一般　□较差		
3	合作配合	□优秀　□良好　□一般　□较差	填表人＿＿＿＿＿＿	
4	报价合理	□优秀　□良好　□一般　□较差		
5	现场管理	□优秀　□良好　□一般　□较差	负责人＿＿＿＿＿＿	
6	技术实力	□优秀　□良好　□一般　□较差		
7	经济实力	□优秀　□良好　□一般　□较差		
8	总师办的综合评价			
9	成本控制中心的综合评价	是否推荐列入合格承包商数据库：□是　　□否		

表 5-11 合同交接表

部门：

序号	合同编号	合同名称	交送人	接收人
1				
2				
3				
4				
5				
6				

表 5-12 合同申报表

编号：

申报单位或部门		承办人	
合同名称		标的额	
合同主要条款	\multicolumn{3}{l}{合同承办人： 年　月　日}
承办部门经理意见	工程管理部意见	\multicolumn{2}{l}{工程副总经理 或项目负责人意见}
年　月　日	年　月　日	\multicolumn{2}{l}{ 年　月　日}
公司总经理意见	\multicolumn{3}{l}{}

表 5-13　合同说明书

合同名称：

对方单位			
合同审批人		合同金额（万元）	
合同主要条款	1. 合同标的概况		
	2. 对方履行地点、履约保证金		
	3. 进度款支付方式		
	4. 结算方式		
	5. 质量要求、质保金		
	6. 甲供材料范围		
	7. 工期要求		
	8. 违约责任		
	9. 解决争议方式		
	10. 其他内容		

表5–14 合同跟踪单

合同承办单位：　　　　　　　　　　　　　　　　　　合同分管员：

合同编号		标的额	
合同名称		合同承办部门	
合同收款单位		联系人	
合同付款单位		联系人	
合同签订日期		合同履约期限	
合同履行程度			
资金收付情况			
收付日期	付款金额		收款金额
合　计			
履约处罚情况			
合同本次申请支付情况	付款日期		付款金额
合同办结确认			

表 5-15 合同履约评审表

单位名称: 合同编号:

合同承办部门		对方单位	
合同名称		合同签订日期	

合同履行情况:
合同分管员： 年 月 日

评审会议意见：
评审人员： 年 月 日

合同分管副总经理意见：
合同分管副总经理： 年 月 日

表 5-16 合同月报表（_____月份）

单位： 报送日期： 年 月 日

合同编号	合同名称	对方单位名称	标的额	合同主要内容	合同承办人	最终审批人	签约日期	合同履行情况	登记日期

填表人： 审核人：

表 5-17　合同台账登记表（_____月份）

单位：　　　　　　　　　　　　　　　　　　报送日期：　　　年　　月　　日

合同编号	合同名称	对方单位名称	标的额	合同主要内容	合同承办人	最终审批人	签约日期	合同履行情况	登记日期

表 5-18　保管合同范本

合同编号：_____

保管人：_____

寄存人：_____

根据《中华人民共和国合同法》的规定，双方本着平等互利的原则，经过协商，签订本合同，共同信守。

第一条　保管物

保管物名称：_____

性质：_____

数量：_____

价值：_____

第二条　保管场所：_____

第三条　保管方法：_____

第四条　保管物（是/否）有瑕疵。瑕疵：_____

第五条　保管物（是/否）需要采取特殊保管措施。特殊保管措施：_____

续表

第六条　保管物（是/否）有货币、有价证券或者其他贵重物。
第七条　保管期限自＿＿＿＿年＿＿＿＿月＿＿＿＿日起至＿＿＿＿年＿＿＿＿月＿＿＿＿日止。
第八条　寄存人交付保管物时，保管人应当验收，并给付保管凭证。
第九条　寄存人（是/否）允许保管人将保管物转交他人保管。
第十条　保管费（大写）＿＿＿＿＿＿＿＿＿＿元。
第十一条　保管费的支付方式及时间：＿＿
第十二条　寄存人未向保管人支付保管费的，保管人（是/否）可以留置保管物。
第十三条　违约责任：＿＿＿
第十四条　合同争议的解决方式：本合同在履行过程中发生的争议，由双方当事人协商解决；协商或调解不成的，按下列第＿＿＿＿种方式解决：
1. 提交＿＿＿＿＿＿＿＿仲裁委员会仲裁；
2. 依法向人民法院起诉。
第十五条　本合同自＿＿＿＿＿＿＿＿＿＿时成立。
第十六条　其他约定事项＿＿

保管人名称：　　　　　　　　　寄存人名称（姓名）：
联系人：　　　　　　　　　　　联系电话或联系方式：
联系电话：
合同签订时间：＿＿＿＿年＿＿＿＿月＿＿＿＿日　签订地点：＿＿＿＿＿＿＿＿＿＿

表 5-19　担保合同范本

本担保协议（以下称"协议"）于＿＿＿＿年＿＿＿＿月＿＿＿＿日由以下双方：
1. 作为委托人的＿＿＿＿＿＿＿＿（以下称"甲方"）；
2. 作为担保人的＿＿＿＿＿＿＿＿（以下称"乙方"）在＿＿＿＿＿＿＿＿签署。
鉴于以下缘由：
1. 甲方拟与＿＿＿＿＿＿＿＿（以下称"受益人"）签署关于流动资金贷款（银行承兑汇票）的＿＿＿＿＿＿＿＿（以下称"合同"）；
2. 甲方申请乙方为其开立上述合同项下以＿＿＿＿＿＿＿＿为受益人，金额为＿＿＿＿＿＿＿＿，有效期自上述生效之日起，期限＿＿＿＿＿＿＿＿的保函（以下称"保函"）。
兹乙方同意为甲方向受益人开具保函。
一、在乙方开具保函之前，甲方必须：
1. 向乙方提供经协议双方约定选用的反担保方式。
（1）经乙方认可的企业法人/自然人在甲方要求下正式向乙方签发以乙方为受益人的不可撤销、连带责任反担保保证书。名单如下：
A. 企业法人①；
　　企业法人②；

续表

企业法人③；
企业法人④。
B. 自然人及其财产共有人①；
自然人及其财产共有人②；
自然人及其财产共有人③；
自然人及其财产共有人④；
自然人及其财产共有人⑤。
（2）甲方按下列要求向乙方交纳履约保证金：
保证金数额：
交纳时间：
交纳方式：
付款账号：
履约保证金的支付：
A. 在甲方到期未履行还款（《借款合同》项下）义务，（贷款方）要求乙方履行保证义务时，乙方无须征得甲方同意，有权直接从保证金款项内向（贷款方）予以支付；
B. 甲方未按规定交纳担保费的，乙方有权直接在保证金款项内扣付；
C. 甲方未履行本协议约定的义务时，乙方有权在保证金款项内扣付甲方的应付款及违约金、赔偿金等；
D. 乙方有权监督并实施保证金的支付，拒付与担保内容无关的款项；
E. 保证金在合同执行完毕后，由乙方退还甲方。
2. 向乙方提供下列文件的正本或经甲方的法定代表人签字并加盖公章证实为真实和完整的副本：
（1）甲方的企业法人营业执照；
（2）甲方的公司章程；
（3）甲方全体现任股东（董事）名单及签字样本；
（4）同意甲方签署本协议的股东会（董事会）决议；
（5）甲方的上年度财务报表及审计报告，以及申请前一个月的财务报表；
（6）抵押物的所有权证（若有抵押物时），以及其他相关资料。
二、甲方在此向乙方做如下保证：
1. 甲方是依照中华人民共和国法律注册成立及有效存在的公司；
2. 甲方有充分的和法定的权利签署和执行本协议；
3. 甲方有法定的权利与受益人签署合同，并且有足够的能力履行合同；
4. 甲方完全接受乙方向受益人开具的保函条款；
5. 甲方向乙方保证对所提供的所有文件、资料的真实性负全部责任；
6. 甲方保证不使乙方因为甲方开具保函而蒙受任何损害和损失；
7. 甲方保证将合同项下乙方保证金额与保证期限内的所有借款，用于_____，不得挪作他用；
8. 甲方保证履行与受益人签署的合同；
9. 甲方有义务及时向乙方如实通报履约情况及经营中的重大事项，如：营业地址、法人代表、联系电话、产权等的变更；诉讼事项；资金借贷；经营损失等一切影响甲方债权、债务关系的重大事项。并且甲方保证接受乙方定期或不定期的检查。甲方保证将借款合同签署后第一个月财务报表报送乙方，以后按季度向乙方报送财务报表；

续表

10. 乙方不对受益人提交的索赔文件、单据或证明文件所述之真实性负任何责任；

11. 未经乙方同意，甲方不得出租、出售、转移、转让企业资产清单上所列的全部或大部分财产。

三、保函项下的索赔：

当受益人按保函规定向乙方索赔，且乙方认为索赔文件、单据或证明符合保函规定，乙方迫于履行担保义务而为甲方垫款向受益人支付时，乙方对甲方及其继承人、受让人有绝对的追索权，不受甲方接受上级单位任何指令和甲方与任何单位签订的任何协议、文件的影响。乙方有权自垫款之日起，除按银行同期贷款利率向甲方收费外，还要按垫款金额的1%（百分之壹）乘以实际垫款天数向甲方收取罚金。甲方必须在收到乙方的追债通知后的_____日内，无条件地向乙方偿清全部垫款及应付罚金。

四、保函的修改：

甲方要求乙方修改保函内容时，须向乙方提交书面的修改申请和受益人对所作修改的书面认可文件，在增加保函金额/保函展期的情况下，甲方还必须相应增加/延长对乙方的保障，否则乙方不能接受甲方的修改申请。

五、担保费用：

甲方在此保证，在签署担保协议书时，一定按照下列规定向乙方支付担保费及其他有关部门费用：

1. 担保费：

（1）担保费以担保金额为基数，按年率_____（百分之__）折计收，计人民币_____万元。

（2）担保费按担保期限计算，在开具担保函时一次性收取。

2. 滞纳金：

甲方应按时缴纳担保费等费用。推迟缴纳有关费用未获乙方同意的，乙方按费用总额每天向甲方收取0.5‰~1‰的滞纳金。

3. 其他费用：

乙方因开具保函而发生的超过正常情况下的其他费用（如乙方对甲方进行检查所发生的费用等），由甲方支付。

六、适用法律：

本协议适用中华人民共和国有关法律，受中华人民共和国法律管辖。在本协议履行中，如发生争议、纠纷，有关各方面首先应协商解决。协商无法解决时，可向合同签订地有管辖权的人民法院提起诉讼，相应的判决对协议各方均具有约束力。

七、其他：

本协议中手写部分与打印部分均属本协议的组成部分，具同等法律效力。

八、协议生效：

本协议一式（共4页）二份，甲方、乙方各执一份，经双方法定代表人（或授权人）签字并加盖公章后生效，至双方义务履行完毕后失效。副本按需制备。

九、特别提示：

乙方已将本协议书的全部条款和甲方作了提示，并应甲方的要求在本协议中作了相应的条款说明，甲方对本协议的每一条款均进行了研究和分析，甲方对本协议各条款已作了全面准确的理解，签约各方对本协议各条款含义认识一致。

续表

本协议于开首所述日期由下列两方正式签署。 甲方（公章）　　　　　　　乙方（公章） （法人代表或授权人签字）　　（法人代表或授权人签字） 地址：　　　　　　　　　　地址： 电话：　　　　　　　　　　电话： 传真：　　　　　　　　　　传真：

来文登记表

表 5-20　来文登记表 1

序号	来文时间	来文单位	来文文号	来文主题	登记人	备注
1						
2						
3						
4						
5						
6						
7						
8						
9						
10						
11						
12						
13						
14						

表5-21 来文登记表2

来文日期	文件编号	文件名称	页数	处理情况	纸质存档	电子版存档	备注

第六章　企业财物与行政经费管理

第一节　企业办公用品管理

企业需采购办公用品分类

企业办公用品包含日用杂品与劳动保护用品，企业所有办公用品都需由办公室统一采买、发放和管理。企业常见的办公用品分类如下。

一、办公机器

计算机、传真机、打印机、扫描仪、墨盒、硒鼓、投影仪、碎纸机、打卡机、考勤卡、录音笔等。

二、桌面办公文具

台历、台历架、会议牌、名片盒、打孔器、胶带座、计算器、仪尺、圆规、笔袋、订书机、订书钉、取钉器、计算器、剪刀、美工刀、壁纸刀、切纸刀、笔筒、电话、胶带、双面胶、固体胶（胶水）等。

三、办公书写工具

中性笔、中性笔芯、白板笔、记号笔、绘图笔、铅笔、转笔刀、自动铅笔、铅芯、橡皮、钢笔、墨水、圆珠笔、毛笔等。

四、纸制品

打印纸、复印纸、复写纸、彩印纸、无线装订本、螺旋本、皮面本、活页本、拍纸本、报事贴、便利贴、便笺纸/盒、会议记录本、笔记本、软面抄等。

五、金融用品

专用印章、印章箱、印章垫、印泥、印油、点钞机、验钞机、账本、账册、单据、无碳复写票据、票据装订机、财务计算器、支票夹、手提金库、号码机等。

六、文件管理用品

文件柜、多联/单联文件框、风琴包、文件袋、文件套、有孔文件夹（两孔、三孔文件夹）、无孔文件夹（单强力夹、双强力夹、长押夹等）、报告夹、板夹、拉杆夹、图纸夹、分类文件夹、挂劳夹、电脑夹、票据夹、标签纸、资料册、档案盒、档案袋、名片盒/册、CD 包/册、公事包、拉链袋、卡片袋、书立、相册、图钉、回形针等。

七、企业生活用品

扫帚、撮箕、拖布、垃圾桶、粘钩、烟灰缸、饮水机、纸杯、洗手液、创可贴、抽纸等。

八、杂品

白板、报刊架、书柜、包装用品、台座系列、钥匙扣、装饰品、摆件等。

九、计算机周边用品

CPU、内存条、光驱、存储卡、控制器、光盘、U 盘、键盘、鼠标、鼠标垫、移动硬盘、录音笔、插线板、电池、耳麦、读卡器等。

十、劳动保护用品

劳动保护用品需根据各个企业的工作内容具体采买，如企业需为工地人员购置安全帽、手套等劳动保护用品。

注意：上述物品不需要全部备齐，办公室负责人员需根据实际情况具体选择办公用品。

企业办公用品的采购及领用管理

通常情况下，企业办公用品可分为一般办公用品和特殊办公用品两种，一般办公用品和特殊办公用品的区别主要在于价格。

一般办公用品指的是单位价格在 200 元以下的日常消耗类用品，如纸、笔等消耗类用品等；特殊办公用品指的是单位价格在 200 元以上 3 000 元以下的办公用品，如计算机配件、碎纸机等。

关于办公用品的采购，办公室负责人需要在每年的第一季度会同财务部，以比选或询价的方式共同确定本年度需要固定采购的办公用品，并列出相关用品及价格清单。

一般办公用品的采购，需要在每季度末，由办公室对各个部门、科室的申请计划、库存量及实际使用情况统计出采购计划，这份计划需报总经理批准才能集中购置；特殊办公用品的采购需要由各部门、科室提出申请，经分管领导同意后再报给总经理批准。

采购人员需严格按照采购审批计划进行采买，不得擅自增加采购数量及品种，不得擅自调换厂家或供货商，凡是未列入采购计划或未经审批的用品，财务一律不得报销。

办公用品采购需采用"双人双岗"制度，严厉打击以权谋私行为，办公用品采购员要坚持秉公办事原则，同时严把质量关。如采购的办公用品质量不达标，则需要采购人员负责。采购完毕后，要认真办理入库手续，未办理入库手续的办公用品不得直接使用。

为了提高办公用品的利用效率，降低办公经费，企业还需要加强办公用品的管理，并规范办公用品的领用程序。办公用品的具体领用程序管理如下。

一、办公用品计划

1. 各部门负责办公用品领用的工作人员，需在每月固定日期提报下月的办公用品计划。办公用品计划需由部门负责人审批签字，并上报行政部门审核后方可申请。

2. 核对完办公用品的申领单后，行政人员需与办公用品库核对出入库单据，并整理成办公用品申领计划表，经总经理审批签字后，按照采购计划单进行采购活动。

二、个人办公用品的领用制度

1. 办公室新入职员工，每人按标准配备笔记本一本、签字笔一支、记号笔一支、黑色中性笔两支。

2. 本着杜绝浪费、勤俭节约的原则和美德，办公消耗品的二次发放需要遵循"以旧换新"原则（丢失另计），不得直接申领新的办公用品。

3. 员工在领取办公用品时，要填写《个人办公用品申领单》，并在《办公用品领取登记表》上签字。按照原则，每位员工每月领取的消耗类办公用品总数不得超过 10 份。

4. 以下物品，每个办公室只分配一套，损坏后按照"以旧换新"原则进行申领：扫把、撮箕、拖布、垃圾桶、白板、传真机、打印机、扫描仪、投影仪、碎纸机、文件柜、文件框、档案架。

5. 除财务部及必备部门外，每办公室仅分配一套；财务部及必备部门按人数申领，每人一台。

6. 办公室负责人需要统计员工领取办公用品的数量，并定期做好记录反馈。

三、办公用品的交接与回收

1. 员工离职或调岗后，需将手中办公用品及固定资产进行交接，如需更换则要按照相关规定做好回收工作。

2. 当办公用品出现损毁情况，移交人需在监交人的监督下，视物品金额大小决定是否要负责。对于需负责的物品，移交人要递交书面文件并按规定进行处理。

第二节　企业办公设备管理

企业办公设备采购管理

常用的办公设备包括计算机、打印机、复印机、传真机、投影仪、扫描仪、电话等。采购企业办公设备的工作，需要由办公室统一负责统筹。

各个部门、科室若想申请采购价值2000元以上的办公设备，则需经分管领导审批并由主任签字后购买，在购买相关设备前，要与公司签订购置合同。

在购置办公用品前，采购人员需做好市场调查，在充分了解行情后合理进行采购工作。无特殊情况，不得超过办公设备的购置预算；如有特殊情况，需及时上报分管领导，由分管领导开会决定是否购买，工作人员不得擅自决定是否购买。

采购完毕后，办公室负责人需对价值2 000元以上的办公设备进行验收。如验收不合格，则按照情节严重程度追究采购人员责任；如验收合格，则上报中心领导进行点收，并填写好点收单。对于价值500元以上2 000元以下的办公设备，验收合格后交由办公室负责人进行点收，并填写好点收单。

办公室负责人需对价值在500元以上的办公设备建立台账，并与财务部配合，将相关资产每半年作一次核定；对价值500元以下的办公设备，只造册登记即可。

各个部门、科室所需的办公设备，需按部门、科室造册登记。申领时，需经部门负责人的批准，由办公室负责人审核签字后方可领取。

各个部门、科室需要加强办公设备的管理，将重要的办公设备指定专人保管，并制定相应的赔偿规定。负责办公设备管理的专员在离职或调岗前，需将办公设备进行交割后再办理相关手续。

下面是办公设备采购申请样单。

办公设备报废及采购申请书

尊敬的××总公司：

　　××部门第二办公室现有部分办公设备陈旧，主要有×××、×××、×××及×××。上述设备已维修多次，但效果不佳。考虑到反复维修成本较高，且部分设备存在安全隐患，已没有维修价值，故我办公室经研究决定，对上述设备进行报废处理，同时申请一批新的办公设备。申请的设备有×××的×型号（价值××元），×××（价值××元），×××（价值××元）和×××的××型号（价值××元）。

　　特此请示，望批准。

××部门第二办公室秘书处
2020 年 5 月 25 日

企业办公设备日常维修管理

为了保证办公设备的正常、安全运行，防止因设备故障造成的安全隐患、系统瘫痪及信息泄密，企业需要规范办公设备的使用，也需要对办公设备进行日常维修管理。需要进行日常维修管理的办公设备主要有计算机、打印机、复印机、扫描仪、传真机、投影仪、碎纸机和电话等。

各个部门、科室需设立专员，对该办公区域的设备或公共办公设备进行使用记录，如无专员，这项工作则交由公司文员、前台或行政秘书负责。

需要定期更换的设备,需在到期前进行检查,如维护得当无须更换,则在评估后向办公室提出书面报告,申请继续使用;如需更换,则将预采购的设备名称、型号及价格报给办公室,经相关领导批准后方可采购。

相关人员在日常维护办公设备时,如设备出现故障,则需在检查、评估后填写《公司办公设备维修申请单》,并上报办公室负责人,由负责人根据报告里的故障程度进行维修。

下面是办公设备的操作规范。

1. 分配给各部门、科室的计算机、打印机、复印机、扫描仪、传真机、投影仪、碎纸机和电话等办公设备,不得用于任何私人用途。

2. 办公设备的摆放需合理有序,不应将办公设备放在潮湿、暴晒等环境下,且设备周围不允许摆放无关杂物。相关人员要保持设备的干净、整洁,要对设备进行定期擦拭。

3. 严禁对办公设备的不当操作,不允许带电插拔计算机、打印机、复印机、传真机和扫描仪的连接件,不可非正当关机,严禁私自拆装相关机器的设备。

4. 严格遵守开关机器的程序,严禁频繁开关机器,在关机后,需隔30秒以上再开机。

5. 运行设备时,严禁拖动、碰撞机器。

6. 办公设备的检查标准包括设备外形、性能、配件等,负责人需请专业人士进行设备调试检验,如检验无问题,则需在检验单上签字;如出现故障,则由专业人士给出维修意见,在填写维修单并由负责人签字后进行相关维修工作。

7. 办公室负责人需定期/不定期抽查设备使用情况,如存在违反相关规定的行为,则按照《公司员工过失处罚单》,根据情节的严重程度处以相关处罚。

第三节　企业行政经费管理

企业行政经费预算管理

企业的行政费用指的是各部门、科室在运营过程中涉及的费用，按照费用的可变性可具体分为标准费用和临时费用两种。

标准费用主要是企业员工的薪资补贴，具体包括以下五类。

1. 员工工资：公司定期支付给员工的月薪或年薪。
2. 员工险金：公司为员工缴纳的各项保险及公积金。
3. 绩效奖金：包含绩效、提成、年终奖等。
4. 补贴：交通补贴、通话补贴、住房补贴、餐费补贴等。
5. 福利：带薪休假、团建活动、公司旅游、聚餐、过节费、节假日礼品、工龄奖等。

临时费用指的是办公室购置的办公设备、用品、消耗品及运营的各项费用等，具体包括以下十类。

1. 固定资产费用：办公室按月审批购置的固定资产支出，包括计算机、打印机、传真机、文件夹、档案盒、笔、本、计算器、电话等。
2. 接待费：包含因公接待费用，及为接待外宾购置的茶叶、纯净水等。
3. 差旅费：包含员工因公外出所产生的路费、餐饮费、住宿费等。
4. 车管费：包含车辆的购置费、维修费、检车费、油费、停车费等。
5. 培训费：包含员工培训、考察、调研活动所产生的各项费用，如交通费、餐饮费、住宿费、材料费、报名费、参观费等。
6. 人事资费：主要是指招聘活动的费用，如宣传费、制作费、广告

费、场地租赁费、餐饮费等。

7. 会务费：包括公司在内部或外部召开会议时产生的一切费用，如场地费、餐饮费、交通费、住宿费等。

8. 食堂费：指员工食堂产生的费用。

9. 证检费：包括开发报建所需证件的费用，也包括企业参加工商联的年费、专项咨询费、企业变更费等。

10. 其他费用：包括员工的生日福利、联谊费用、意外伤害补偿等。

行政费用的预算管理通常是指临时费用的预算管理，具体办法如下。

1. 各部门、科室的行政预算，需在合规合法的前提下，按照实际情况的变化进行预算规划。在作预算规划时，工作人员需根据之前的预算及实际支出的情况进行汇总，然后计算出下一阶段的财务预算，并以书面形式上报给公司主管领导。

2. 公司各部门、科室的办公经费负责人要全年跟踪每笔经费，当预算经费已使用80%时，行政经费管理部门和人员则需作出预警，以便及时调整接下来的工作。

3. 进行预算时，要做出一部分超预算。在实际工作中，企业会遇到很多意料不到的突发情况，为了不影响日后工作，相关人员在预算时要做出一部分预留，以免出现经费紧张等情况。

以上就是企业行政经费预算管理的相关内容。

企业行政经费审批流程

在了解企业行政经费预算管理后，我们一起来看看企业行政经费的审批流程。与企业行政经费预算一样，企业经费审批也分为"标准费用审批"与"临时费用审批"两种。

关于标准费用审批的流程具体如下：

1. 在工资发放日（如遇节假日则提前发放）前，各个部门、科室的负责人需要收集员工当月的"出勤统计表""工资变动情况表"和"保险费用代扣明细"并递交财务部。

2. 财务部审核无误后,将工资表递送公司领导进行审批。

3. 公司领导审批完毕后,由财务人员将工资核准发放至员工们的银行工资专户。

关于临时费用审批的具体流程如下:

1. 部门确认:报销费用时,各个部门、科室需要按照规定的格式,将原始凭证粘贴到相应位置,并填写相关经费的单据等。填写完毕后,部门或科室的负责人要核对费用发生的真实性并签字,之后才能递送财务部审批。

2. 财务部初审:财务部初审的重点在于对预算范围内所开支票据的有效性、合法性和合规性的审核,在对审批金额的准确性审核无误后,财务部需要签字确认。

3. 公司领导审批:财务部将初审合格的原始凭证上交给公司领导,由公司领导进行审核审批。

4. 出纳人员审核付款:公司领导同意审批后,审批人需将原始凭证送至财务部,由财务部相关人员记账后交给出纳人员,最后由出纳人员根据记账凭证付款。

企业行政经费的审批流程看似复杂,其实每一环节都是必要的。为了严格控制经费成本,企业还应制定以下规定,用来完善款项的审批环节。

第一,当发生费用时,审批人需要取得合法有效的原始凭证,并以此作为申请款项的依据。

(1)根据相关规定,税务监章的有效发票需要将抬头、时间和摘要等内容填写完全,且金额数字的大小写必须相符。有效发票需要加盖"发票专用章"或"公司财务专用章",在盖章时要注意印制发票的有效时效。如2020年,取得发票时的前3年,就是发票右上角编号应标有税字(18)、(19)或(20)。

(2)根据相关规定,税务监章的定额发票需要同时加盖"发票专用章"

或"公司财务专用章"。有的审批人直接将白条和无监章的收据作为审批凭证,这样是不合规的,财务初审时就要将这样的"审批凭证"剔除。

第二,当月发生的费用尽量在当月的预算内进行审批,如若逾期,则必须阐述相应的客观原因,并在次月初的前3个工作日内完成审批流程,否则财务部不得纳入当月的预算审批中。

第三,若有员工出现因公借款且在借款期内发生预算费用审批则先冲借款,在借款冲完后再进行预算费用的审批。

第四,公司要规定日常费用的报账收单时间。

总之,按照核定的年度预算,各部门、科室需要将各项费用控制在预算内,这样才能保证工作按照既定计划进行。

企业行政经费报销规定

企业行政经费的报销主要包括业务招待费、通信费、差旅费、办公费用和汽车使用费五种,下面我们来具体解读这五类经费的报销规定。

一、公司业务招待费的报销规定

(一)公司业务招待费的规定标准。

公司成员需按成员等级具体审批业务招待费,一般来说,部门经理及技术总监的业务招待费为1 000元/月;副总经理的业务招待费为3 000元/月;总经理的业务招待费为8 000元/月。以上均为最高标准,无特殊情况不得超过该标准。

(二)公司业务招待费的要求。

1. 在预算范围内,公司的业务应酬活动需要遵循实事求是、节约节俭的原则。各个部门、科室仅有列支权,没有随意开支权。经公司审定的各个部门、科室的业务招待费的开支额度,都由总经理进行统一掌握与审批,如有超支情况,则需向总经理申请批准后,再由总经理向董事长递交申请。

2. 各个部门、科室的（副）经理有业务招待费的使用资格，其他人员除工作安排外，不得随意发生业务招待费。遇到工作安排需批款时，要提前向总经理请示并说明理由，最后以总经理在报销凭证上的签字为报销标准。

3. 在业务发生后的一周内，申请人需填写《业务招待费说明表》，并标明被请客户的人数、名称、事由、方式、金额等，并在《业务招待费说明表》后附上相应的发票，按照流程进行报销。

4. 财务部需要对各个部门、科室发生的业务招待费进行控制，并建立预警制度，要在公司形成相互监督、厉行节约的风气。

二、公司通信费的报销规定

公司通信费是公司为从事经营管理及业务活动中必须采取通信等手段开展业务的职员提供的工作支持。公司各部门享受话费补贴的职员必须经部门领导确定并报总经理批准后方可发放该补贴。

1. 各部门、科室的员工可在预算范围内享受公司的通信费补贴，但必须做到工作日时 8：00～22：00 开机，节假日时 9：00～21：00 开机。

2. 公司各岗位通信费报销（凭票报销）额度规定：

公司总经理：每月通信费额度为 800 元。

公司副总经理、技术总监：每月通信费额度为 500 元。

部门经理及市场服务岗人员：每月通信费额度为 200 元。

对外联系管理人员：每月通信费额度为 100 元。

公司普通员工（不含试用期）：每月通信费额度为 50 元。

3. 在公司凭票报销通信费的员工，出差期间不再另行报销异地通话费。出差时间超过两周的工作人员，根据实际花费，由部门经理核查后上报总经理，再由总经理审批报销超额费用。超额费用不得超过该部门、科室的通信费预算总额。

三、公司差旅费的报销规定

由公司核准的差旅费也需控制在各部门、科室的预算范围内。

公司员工因出差借款前，要先填写"出差申请表"，该表要包括出差地点、出差时间、出差事由及发生费用预算等。原则上，部门经理（不含）以下的人员出差不允许乘坐飞机；若有特殊原因，如旅途时间达24小时，则可向相关部门提出申请，获批准后方可乘坐飞机。

公司各岗位差旅费报销（凭票报销）额度规定：

公司总经理：差旅费标准不做限制。

公司副总经理、技术总监：单次差旅费额度为350元/天。

部门经理及市场服务岗人员：单次差旅费额度为250元/天。

其余人员：单次差旅费额度为150元/天。

四、公司办公费用的报销规定

公司的办公费用需按照办公类别，分别进行报销。

办公用品类：包括文件夹、笔、本等，每人每月的报销额度为10元，由办公室统一购买，按需领取。

办公耗材：包括复印纸、磁盘、墨盒等，每人每月的报销额度为15元，由办公室统一购买，按需使用。

对外邮寄、传真：不计额度，但需在各部门、科室的办公预算内。

书籍、资料：不计额度，但需在各部门、科室的办公预算内，凭相关票据进行报销。

所有办公用品都需要由办公室统一保管，并定期对账。办公场所内发生的所有水电费、绿化费、清洁费、消防费、维修费等，都由办公室统一按照票据据实报销。

五、公司汽车使用费的报销规定

公司汽车使用费需按职级分别报销，公司各岗位汽车使用费报销（凭票报销）额度规定：

公司总经理：每月汽车使用费额度为2 000元。

公司副总经理、技术总监：每月汽车使用费额度为1 000元。

汽车使用费包括油费、停车费、洗车费、保险、过路费和维修费用，超出额度的部分需要自理，无职级员工自驾出差需经总经理批准，所发生的费用按照差旅费报销标准进行报销。

第四节　企业财物与行政经费管理基本表单

表6-1　预算申请表

编号：　　　　　　　　　月　　日　　　　　　单位：

预算编号	预算名称	用途	说明	单价	数量	申请金额
合计						
领导批示						

审核人：　　　　　　　　　　　填表人：

表6-2　预算统计表

月份：　　　　　　　　　部门：

预算编号	预算科目	预算金额	实际支出	差额	追加预算	说明

总经理：　　　　　　　　　审核人：　　　　　　　　　填表人：

表 6-3 预 算 表

年　月　日

借方科目	借方金额	备注调整	贷方科目	贷方金额	备注调整
现　金			股　本		
应收账款			公积金		
应收票据			制造费用		
坏账准备			制成品		
原　料			机器设备		
辅　料			折旧准备		
在制品原料			管理费用		
在制品辅料			销　货		
在制品人工			销货成本		
在制品费用			销货退回		
应付票据			销货折扣		
应付凭单			财务费用		
已分摊制造费用			财务收入		
已分摊管理费用			本期利润		

表 6-4　预算核算办法表

拟定日期：　年　月　日

预算编号	预算项目	预算方法	另行考虑因素
员工薪金			
奖　金			
出差费			
员工福利			
使用单位			第　副本

表6-5 资金来源运用比较表

日期：　　年　　月

项目		实际数 金额	预计数 金额	比较增减 金额	资金调度					
					调度对象	期初金额	本期收入	本期支出	期末金额	增减
期初现金结存					往来	往来（借入）					
收入	外销收入					往来（借出）				
	内销收入									
	现销					小　计				
	票据兑现				借入款项	外销贷款				
	加工收入					贴现借款				
	退税收入					信用借款				
	其他收入					抵押借款				
	合　计					私人借款				
支出	资本支出					银行透支				
	土地及房屋					员工存款				
	设备分期付款									
	机械设备					小　计				
	材料支出					合　计				
	原料内购				说明事项					
	物料内购									
	物料外购									
	生产经费									
	薪资									
	制造费用									
	经常费用									
	推销费用									
	管理费用									
	财务费用									
	其他支出									
	分期付款									
	合　计									
期末现金结存										
资金剩余短缺（＋－）										

表6-6 资金来源运用预算表

金额： 元

项目	月份	1	2	3	4	5	6	7	8	9	10	11	12	合计
上期结余（A）														
收入	现金销货													
	应收票据兑现													
	利息收入													
	合计（B）													
支出	应付票据兑现													
	利息支出													
	薪资													
	水电费													
	邮寄费													
	修理费													
	交际费													
	差旅费													
	交通费													
	电话费													
	办公费													
	运输费													
	福利费													
	劳保费													
	税金													
	保险费													
	杂费													
	合计（C）													
本期余出（D=B-C）														
本期结余（E=A+D）														

核准： 复核： 制表：

表 6-7 资金调度计划表

摘要		合计	现金	银行存款									
本月（周）结存													
加	预计销售收入												
	预计其他收入												
减	预计票据到期												
	预计薪资支出												
	预计水电支出												
	预计利息支出												
	预计经常支出												
	预计购料还款												
	预计偿还借款												
	预计其他支出												
下月（周）余额													
经调度后结存													
资金调度计划													

表6-8 管理费用预算表

项　目	前年度平均数	预算数	备　注
固定费用			
1. 薪资支出			
2. 间接人工			
3. 租金支出			
4. 办公费			
5. 邮寄费			
6. 水电气费			
7. 保险费			
8. 税金			
9. 折旧			
10. 伙食费			
11. 研究费			
12. 社保费			
合　计			
变动费用			
1. 加班费			
2. 差旅费			
3. 运费			
4. 修理费			
5. 广告费			
6. 交际费			
7. 捐赠费			
8. 包装费			
9. 燃料费			
10. 呆账损失			
11. 职工福利			
12. 杂项购置			
13. 佣金支出			
14. 训练费			
15. 销货费用			
16. 劳务费			
17. 间接材料			
18. 医疗费			
19. 其他费用			
合　计			
总　计			

复核：　　　　　　　制表：

表6-9 收支预计表

_____年___月   金额单位：万元

主管：   经办人：

资金		预付内容	月（次月）		月（次一月）	月（次二月）
项目	代号		预付日期	金额		

表6-10 支出预计明细汇总表

项目\月份	内购材料	外购材料	薪资	水电费	各项税损	利息支出	租金支出	经常费用	其他支出	工程款	偿还借款	设备款	合计
1													
2													
3													
4													
5													
6													
7													
8													
9													
10													
11													
12													
合计													

表 6–11 收入及支出金额预计表

日期：_____月_____日

项目		付款期	月	日	月	日	月	日	月	日	月	日	月	日
收入金额	应收票据	已收												
	应收票据	预计												
	押汇收入	已收												
	押汇收入	预计												
	贴现贷款	预计												
	其他借款	预计												
支付金额	资本支出	已开票												
	资本支出	预计												
	材料支出	已开票												
	材料支出	预计												
	薪资支出	预计												
	制造费用	已开票												
	制造费用	预计												
	销管费用	已开票												
	销管费用	预计												
	财务支出	预计												
收入金额		预计												
支付金额		预计												
差　　额														
现金银行存款														

总经理：　　　　　经理：　　　　　会计：　　　　　填表：

表6-12 应缴税费估算表

金额单位：万元

项目	单价	工程费	总额	备注
投资方向调节税				
市政建设费				
增加投资建设费				
集资管理费				
城市建设绿化费				
交通能源设备费				
供电用电负荷费				
供电管网补偿费				
教育事业配套费				
商品房营业税				
城市维护建设税				
综合开发管理费				
合　计				

表6-13 税款缴纳记录表

年度：

税款名称	缴纳税款处	标准	上月		下月		合计	备注
			日期	金额	日期	金额		
合计	—	—	—	—	—	—		

表 6-14 企业自印发票申请表

企业名称		企业主管部门	
地　　址		经济性质	
税务登记证号		营业执照号	
财务负责人		办税人员		电　话	
发票名称		使用范围	
首印或续印		规　　格	
印制数量	共印　　　　　本 每本　　　　　份 每份　　　　　联		
字轨号码	字　　　　号起至　　　　号止		
申请单位盖章 年　月　日	主管税务所意见 年　月　日	征管科意见 年　月　日	市局征管处意见 年　月　日

表 6-15 营业税金及附加预测表

预测时间：　　　　　　　　分（子）公司名称：　　　　　　　金额单位：元

编号	项目	计税依据	适用税率	营业税金预测数
1	营业税			
2	消费税			
3	资源税			
4	城市维护建设税			
5	教育费附加			
	合计		—	—

公司负责人：　　　　　　财务负责人：　　　　　　制表人：

表 6-16　税金实现及入库表

编报单位：　　　　　　　　　　　　年　　月　　　　　　　　金额单位：元

税　种	期初数	本月实现	本年累计实现	本月入库	本年累计入库	累计欠交
1. 消费税						
2. 增值税						
3. 城市维护建设税						
4. 教育费附加						
5. 所得税						
6. 房产税						
7. 土地使用税						
8. 印花税						
9. 车船使用税						
10. 营业税						
11. 个人所得税						
合　计						
其中：地税						
国税						
说　明	1. 国税 = 1 + 2 + 5； 2. 地税 = 3 + 4 + 6 + 7 + 8 + 9 + 10 + 11					

财务负责人：　　　　　　　　　审核：　　　　　　　　制表：

表 6-17　滞纳金减免申请审批表

申请单位：（章）　　　　　　　　　　　　　　申请日期：　　年　　月　　日

企业负责人：（印）　　　　　　　　　　　　　办税人员：（印）

滞纳税别	税款所属期	营业额或所得额	税率	税额	滞纳日数	滞纳金金额	备注
申请理由							
批准单位公章			批示			专管员意见	

表6-18　开业税务登记申请

_____（主管税务机关名称）：
　　我单位（个人）_____，于_____年_____月_____日取得营业执照，法定代表人_____，注册资金_____元，主要生产经营_____，属（工业□、商业□、其他□）企业，实际生产经营地址在_____。
　　_____为（自有□、租赁□）房屋，现申请办理开业税务登记。
　　以上申请情况及所附资料真实，特此申请。

　　　　　　　　　　　　　　　　　　　　　　　　申请人（签章）
　　　　　　　　　　　　　　　　　　　　　　　　　年　月　日

表6-19　重新开业税务登记申请

_____（主管税务机关名称）：
　　我单位（个人）_____，于_____年_____月_____日取得营业执照，法定代表人_____，注册资金_____元，主要生产经营_____，属（工业□、商业□、其他□）企业，实际生产经营地址在_____。
　　_____为（自有□、租赁□）房屋。由_____，原税务登记已于_____年_____月_____日在_____（税务机关）注销，现因_____需要，现申请办理重新开业税务登记。
　　以上申请情况及所附资料真实，特此申请。

　　　　　　　　　　　　　　　　　　　　　　　　申请人（签章）
　　　　　　　　　　　　　　　　　　　　　　　　　年　月　日

第七章　企业客户和公关管理

第一节　客户关系管理概述与战略管理

行政部门与客户关系管理

随着市场竞争的日益激烈，我们不能否认企业客户关系管理对企业的影响作用越来越大。企业能否获得更多客户，能不能维持住现有的客户，都是影响企业持续稳定的关键因素。那些善于维护客户关系的企业，往往可以在市场竞争中获得更多用户，继而为它们增加企业经济效益。

看到客户关系管理时，不少人第一印象都是销售人员的客户关系维护管理。其实，早在1999年，Gartner Group 公司就提出了 CRM（Customer Relationship Management）概念，也就是客户关系管理概念。这一概念是针对行政管理中客户关系管理而具体制定的，在 CRM 概念中，客户是行政部门为公司筛选和管理有价值客户及其关系的一种商业策略，也是获取、保持和增加可获利客户的方法和过程。

行政部门需要提升企业的业务流程管理，降低企业成本，这样才能通过周到的服务吸引、保持更多客户。所以，客户关系管理也可以看成

行政部门管理机制的一种。

如今，客户资源已经成为企业的一项重要资源。对行政部门来说，客户关系管理是帮助内部人员获得客户资源的主要手段，同时也是提高企业市场竞争力的重要渠道。通常来说，客户关系管理对于企业发展主要具有以下五方面的作用：

1. 现代市场的关键词是"竞争"，而客户关系则是企业重要的资源。行政部门只有帮助公司建立良好的客户关系，才能最大限度地实现客户开发。客户资源是企业发展的重要动力，通过客户关系管理，行政人员可以提高企业的综合竞争力，继而帮助企业在市场竞争中立于不败之地。

2. 行政部门可以通过客户关系管理，有效帮助企业收集和管理客户关系信息。在寻找到新客户的同时，行政部门也可以更加长久地维持老客户，这样能提高客户的终身价值，也能降低客户的流失率。

3. 行政部门可以利用客户关系管理辅助销售提高效率，节约企业的营销费用。在改善企业经营、销售和客户服务方面，客户关系管理都能发挥重要作用。

4. 行政部门可以通过客户关系管理有效降低市场营销的风险，从根本上讲，所谓客户关系管理，就是让企业与客户之间能够相互信任、相互沟通。

5. 行政部门可以利用客户关系管理有效提高企业在市场营销中的盈利能力，通过客户关系管理，企业可以获得巨大的经济利益，也可以获得相应的社会效益。

客户关系管理系统主要是以客户数据管理为核心，通过信息将科学技术实现市场营销、销售、服务等活动自动化。同时建立一个客户信息收集、管理、分析、利用的系统，帮助企业实现"以客户为中心"的管理模式。

行政部门可以通过客户关系管理系统的功能，有效提升市场营销部门、销售部门与客户服务部门的业绩水平，下面就来具体分析客户关系管理系统对这三个部门的重要性。

1. 市场营销方面的客户关系管理。

进行市场营销时,行政部门可以利用客户关系管理,来帮助市场人员有效分析当前的目标客户群体。在分析过程中,市场人员可以了解公司的客户群体集中在哪个行业、哪个职业、哪个地域等。通过这些信息,市场人员就能更加精准地进行市场投放。

此外,通过客户关系管理,市场人员还能够分析出每一次市场活动的投入产出比。市场人员根据与活动相关联的汇款记录,以及举行市场活动的报销单据进行计算,就能够算出所有市场活动的效果报表。进而为下一次市场活动计划的制订提供必要的依据。

2. 销售过程方面的客户关系管理。

进行销售时,客户关系管理主要包括联系人、潜在客户、报表统计图、业务机会等。销售人员能通过建立日程安排、记录沟通内容、浏览客户数据等方式来有效缩短工作时间。

客户关系管理系统中的销售漏斗分析、大额业务提醒、业务阶段划分等功能,能够有效帮助销售人员提高企业的成单率并缩短他们的销售周期。这样可以最大限度地实现业务的增长。

3. 客户服务方面的客户关系管理。

客户服务一向是客户关系管理系统的重要课题,通过快速浏览和及时获得客户信息,行政部门能够及时高效地解决用户的问题,在提高客户满意度的同时提升公司的形象。

针对客户关系的创建、维护工作实操

很多发展中的企业都会遇到这样的问题:随着企业规模的扩大以及人员的增多,企业势必要开展新的种类项目,但一线营销人员该如何有效跟进客户呢?一线营销人员业务繁忙,如果光靠自己寻找客户,并与客户进行沟通、消息传递、订单跟踪处理等，那效率实在太低了。这时候就需要行政部门针对客户关系进行创建和维护了，我们一起来看看客户关系管理工作中可能遇到的问题及解决方法。

问题一：客户太多，不知道怎么安排？

行政人员可以将每个客户的具体情况录入计算机系统，具体包括客户个人（公司）情况、客户兴趣爱好、地址、生日、联系方式及客户的个性化需求等。每位一线营销人员都要在行政部建档，在创建新客户后，营销人员要及时将以上信息上报行政部，以便及时录入。行政部门在人手充足的情况下，尽量做到一人对接一人，这样才能及时将客户信息传达给营销人员，方便营销人员根据客户需求来具体增加或减少企业某类产品的定制和营销计划，这样才能帮助营销人员提升业绩，帮助企业节约成本。

问题二：忘记及时跟进客户怎么办？

现在不少企业营销人员的工作状态都是每天跟进几十个客户，在拓展新客户的同时，营销人员很容易忘记跟进老客户，也很容易在跟进老客户时出现错漏。这时，行政人员需要针对每位客户设置再次提醒时间，做到再次提醒时间到来前，以电子邮件的形式通知营销人员，这样才能帮助营销人员提高业务能力，提升工作效率。

问题三：跟进客户时间较长，忘记上次跟进时的具体细节？

很多营销人员都会因为两次跟进时间相隔太久而忘记上次跟进的具体细节，这就会耽误不少事情。比如，营销人员A跟进了一名客户，在与客户进行沟通后商量好下周要带合同和样品来签。可是，营销人员A这周又拓展了一些客户，他只隐约记得下周要带合同去却忘了带样品，这就造成再次上门跟进时让客户觉得这个营销人员不靠谱，甚至对方会因此拒绝与该营销人员所在企业的合作。

这时，行政部门要做的就是在营销人员拓展客户后，及时录入每位客户的备注要求，并在营销人员再次跟进前，以电子邮件的形式将备注通知给他们。这样才能提高营销人员的业务跟踪能力和工作效率，也能为企业减少客户流失率，提高客户满意度。

总之，行政部门需要帮助企业打造完善的客户关系管理体系，让企业的客户关系管理体系更加系统化、专业化。

客户关系管理策略就是忠诚与扩张

行政部门必须意识到，客户关系管理其实是一种企业战略。为了让企业能够改善客户对企业产品或服务的满意程度，提高企业利润，行政部门一定要重视客户关系管理。在工作过程中，行政部门需要将客户关系管理上升到企业战略的高度，这样才能对企业长期战略目标的实现起到推动作用。

所谓客户关系管理战略，就是指从管理和战略的角度来明确客户关系管理的发展目标，同时确定其对组织、技术等内容的要求，从而为客户关系管理的实施规划战略方向。企业可以通过不同的战略与客户建立起特殊的关系，具体来说，企业关系战略主要表现为以下几个方面：

1. 提高客户的忠诚度。

提高客户的忠诚度指的是行政部门应该将关注的焦点放在客户的回头率上，有时候，培养忠诚客户要比获得更多的市场份额要重要。

2. 进行客户扩充。

行政部门应该帮助企业不断扩大客户群体，实现这一战略的最直接方法就是为客户提供更为广泛的产品和服务。

3. 扩展客户源。

获得更多客户，永远是企业客户关系管理战略的重要组成部分。所以，行政部门要根据相关信息资料，督促营销人员开发新客户，紧紧把握客户市场份额。

4. 让客户类型多样化。

客户类型多样化战略就是让行政部门将战略重点放在使用新产品或者新服务上，以此来获得更多新的客户。

5. 结合不同客户。

客户关系管理需要综合运用多种战略，行政部门可以请忠诚客户推介自己的产品或服务，同时将客户获得战略和客户扩充战略相结合，利用客户的忠诚战略拓展和维护新客户。这样才能让企业在源源不断获得新客户的同时，让现有客户变得更加忠诚。

客户获得战略——识别与开发

在客户获得战略中，行政部门需要做好客户识别和客户开发这两方面的工作。

一、客户识别

所谓客户识别，就是根据客户的个性特征和购买记录等数据，用一系列技术手段来识别出企业的潜在客户。除了识别潜在客户外，客户识别还需要了解哪些客户是有价值的客户，这些客户的需求是什么等问题。通过客户识别寻找到的客户，就是企业客户关系管理战略的实施对象。

从这一点我们不难看出，客户识别能为企业成功实施客户关系管理战略提供重要保障，从具体的作用来看，客户识别的作用主要表现在以下两个方面：

1. 客户识别影响着客户保持。

客户关系管理的重点就是客户保持，企业在进行客户保持时需要付出一定的成本。因此，行政部门在保持客户时，主要是去寻找那些有价值的客户，毕竟客户识别就是一种寻找有价值客户的重要手段。

2. 客户识别影响新客户获取。

新客户获取是企业客户关系管理的重要内容。从成本上来看，新客户的获取成本要高于老客户的保持成本。因此，行政部门在获取新客户的时候，要选择那些最有可能成为企业客户的潜在客户，这样就可以减少一些不必要的新客户获取成本。通过客户识别来找到潜在客户，能够让企业在使用同样成本的同时获得更多的客户。

二、客户开发

所谓客户开发，就是将企业的目标客户和潜在客户转化成现实客户的一个过程。一般来说，客户开发有两种不同的策略可以选择：

1. 以产品服务吸引客户。

以产品服务吸引客户的策略又称为"拉"策略，主要是指行政部门通过产品、价格、销售渠道和促销手段等因素的制定来吸引目标客户和潜在客户，从而将这些客户开发为现实客户的过程。

这种客户开发策略的特点是企业自身在产品、价格、销售渠道、促销手段等方面具有一定的特色和优势，企业借助这些优势来吸引客户。

2. 通过宣传推销吸引客户。

通过宣传推销吸引客户的策略又称为"推"策略，主要是指行政部门辅助营销人员，以推销的形式将目标客户和潜在客户开发成为现实客户的过程。这种策略往往是在企业的产品、价格、销售渠道和促销手段没有明显特色、缺乏吸引力的情况下采用的。主要是采取引导和劝说的方式，让客户产生购买行为。

在开发客户时，行政部门既可以采用直接接触目标客户的方法，也可以采用间接寻找目标客户的方法。一般情况下，这两种方法经常被综合在一起使用。

客户保持的意义与方法

我们都知道，在客户关系管理中如何获得客户源是十分重要的事情，然而，比获得客户源更重要的其实是如何保持客户。

进行客户关系管理时，行政部门要注意多吸引新客户，同时更要注意维护好老客户。如今，不少企业的主要目标都是维护老客户，因为维护好老客户才能保证企业与客户有一个长期稳定的关系。

根据调查结果显示，行政部门开发一位新客户的成本是保持一个老客户成本的 5～10 倍。在向新客户推销产品时，销售人员的平均成功率只有 15%，而向老客户推销产品时的成功率则能够达到 50%。在推销的花费上，企业向新客户进行推销的花费，是向老客户推销花费的 6 倍。

何况，如果一位老客户对企业的产品或服务存在不满，那他可能会将自己的不满经历告诉 8～10 人。而一位对企业产品或服务满意的新客户，则只会将自己的满意经历告诉 2～3 人。如果企业能够快速对产品或服务给客户带来的不满给予关注，那 70% 对企业产品或服务存在不满的客户，还会继续购买企业的产品或服务。

从上面的一系列数据可以看出，客户保持在很大程度上能够节约企业的经营成本。相比于在客户开发方面大力投入，行政部门更应该将客户关系管理的重点放在维护老客户上。

同客户开发一样，客户保持也是企业客户关系管理战略的重要组成部分。一般来说，保持客户的方法有以下五种：

1. 提高产品质量。

质量是企业生存发展的重中之重，客户所追求的重点也是高质量的产品，所以，企业要想长期稳定地保持客户就要保证产品的质量。

2. 提高服务质量。

服务是除产品质量外的又一重要方面，良好的服务会让客户对企业产生好感，这也能提高企业的竞争力。

3. 打造优秀品牌。

很多客户都是冲着企业的品牌去的，所以，企业一定要树立良好形象，打造优秀品牌。

4. 提供价格优惠。

企业要为老客户提供一定的价格优惠，毕竟同质量的商品中，价格更优惠的自然会获得客户的青睐与认同。

5. 进行情感投资。

企业要加强客户的情感投资，这样才能维护客户与企业的长期稳定关系。

第二节 企业公共关系管理

什么是公共关系管理?

公共关系管理在现代企业管理中是一个非常重要的课题,因为公共关系管理不仅可以梳理企业的公共关系资源,还可以给企业营造良好的公共关系氛围,为企业的战略发展提供强有力的支撑。

所谓公共关系管理,指的就是一个社会组织与社会公众之间的一种社会关联。公共关系管理的目的是处理好企业和其他社会组织、民众之间的关系。通常情况下,企业的公共关系管理有以下几个基本职能:

1. 传播职能。

企业公共关系管理是一种双向沟通关系,也就是说,企业需要将内部信息向外输出,同时将公众的信息向企业输入,这种传播职能是公共关系管理的基本职能。

企业内部信息向外输出的目的主要是树立一个良好的企业形象。行政部门可以选择不同的方式对外传播,但是要讲究一定的传播策略,要进行有针对性的对外传播。而企业吸纳信息主要是听取公众和社会意见并进行修改。

2. 协调职能。

协调职能是企业公共关系管理的一个重要职能,在面对内部和外部的纠纷和矛盾时,行政部门需要充分发挥公共关系管理的协调职能,并使用正确的方法进行协调,力求在维护企业形象的前提下解决纠纷。

3. 决策职能。

对于重大决策问题，行政部门可以根据分析研究给出合理意见。

4. 信息职能。

其实，企业公共关系管理的本质就是为了建立和维护企业与公众之间的关系。要想做到这点，企业就必须对公众的心理和需求有一定的了解，充分收集外部信息，并根据信息作出决策和结论。

当前的时代是一个信息化时代，所以信息收集也是行政部门的重要工作之一。需要注意的是，信息收集的对象不只包括社会组织，还包括企业员工。

公共关系管理的目标对象

企业公共关系管理需要针对不同的对象，处理好不同的关系。公关部（组）隶属行政部门，作为专门公共关系的管理部门，公关部（组）应该重点处理好以下几种对外关系：

1. 政府关系。

公关部（组）处理政府关系，主要表现在关注和收集政府决策的有关信息，鼓励员工参与政府倡议的活动，与政府决策部门展开良好沟通，与政府进行互惠合作。其目的是能够取得政府对企业在政策和资源方面的支持。

2. 媒体关系。

媒体关系是公关部（组）最常处理的关系。媒体主要包括报纸、期刊、电视、广播、互联网媒体等。公关部（组）处理媒体关系的主要表现包括举行记者招待会、安排记者采访、发布企业新闻稿件、与新闻记者紧密联系等。公关部（组）应该了解不同媒体的特性，处理好与各种媒体之间的关系。

3. 客户关系。

客户关系是公关部（组）需要处理的一种最重要关系。公关部（组）处理客户关系主要包括及时妥善处理客户投诉、收集整理客户的意见和建议、做好客户咨询工作等。

4. 股东关系。

公关部（组）处理股东关系，主要是做好股东代表等关系的维护。

5. 员工关系。

公关部（组）处理员工关系，主要是进行内部公告、内部宣传等工作。通过印发宣传手册、制定管理制度等方式进行宣传，也可以通过举行员工培训、竞赛等休闲活动处理员工关系。

6. 竞争者关系。

公关部（组）处理竞争者关系，主要是了解竞争者的信息、产品等情况，建立起与竞争者信息沟通的渠道。同时还需要加强与竞争者的信息交流与合作。

公共关系管理部门的职责

公关部（组）的主要工作内容是处理企业面对的各种公共关系，细化到具体的工作职责，在进行公共关系管理时，公关部（组）应该遵循以下几个方面的原则：

1. 公共关系调查规划。

这是公关部（组）的首要工作职责，公关部（组）应该充分调查、分析企业公共关系的需求，制定出切实可行的企业公关传播发展战略，并为企业公共关系管理作出中长期规划。

2. 社会活动和交流。

公关部（组）应该经常参与行业内社会组织之间的沟通交流活动，并协助企业管理者与相关政府官员、重点客商进行沟通，经常安排业务情况介绍和接待活动。

3. 事件营销。

这是一种利用社会事件进行企业营销的活动，是公关部（组）必须要做好的工作。通过借助社会大众关心的焦点事件和突发事件，运用公共关系手法来创造各种事件，借机为企业造势。事件营销还包括策划和实施大型公关活动项目，制定媒介公关策略。主要表现为利用节庆假日进行促销宣传活动，宣传和提升企业形象。

4. 对外信息公开。

企业需要及时向外界传播自身可公开的信息，这些工作都需要公关部门来完成。公关部（组）可以通过媒体、会议等渠道公开进行信息发布，同时也可以通过新闻发布会、研讨会等形式，来增加企业的受关注程度。

5. 公关广告宣传。

制订公关广告传播计划、撰写企业新闻稿件等也是公关部（组）的主要职责。这是宣传和提升企业形象的重要手段，公关部（组）应该挑选合适的媒体进行广告宣传，同时还应该建立起信息收集和研究机制，将社会热点和企业相关活动结合，进行事件营销。

6. 公益活动。

公关部（组）还应该经常发起公益活动，为企业赢得更好的口碑，为企业营造贴近民众的形象。

7. 企业标识设计。

企业标识的设计主要由设计部（组）完成，但公关部（组）却是企业标识设计的开端。企业标识设计包括企业理念、行为和视觉识别系统的设计。

8. 危机管理。

这是公关部（组）最为重要的公关职责之一，其主要表现在建立和完善企业危机公关活动管理制度、建立危机事件预警机制和危机处理流程、处理企业公关危机事件等方面。

第三节　企业危机管理

企业危机管理的目的与原则

企业的危机管理指的是企业内部负责应对危机事件的有关机制，如果没有专门独立的危机管理部门，则由行政部代为行使职能。

具体来说，企业危机管理的目的指的就是企业为了避免或减轻危机所带来的损害和影响，有计划、有组织地制定和实施一系列管理措施和策略。这些措施策略主要包括危机控制、危机规避、危机解决和危机总结等内容。

可以说，任何防止危机发生以及消除危机风险的举动和措施都能够算作危机管理，所以，对企业来说，拥有一套完善的危机管理机制是十分必要的。企业的危机管理往往具有学习性、组织性、适应性和连续性等特征。

高效的危机管理需要在危机中发现对企业有利的因素，扭转危机对企业的影响。同时还要把握危机发生的规律，掌握处理危机的方法，最大限度减少危机造成的损失和危害，推动企业持续健康发展。一般而言，我们可以将危机管理内容总结为以下六个方面：

1. 预防危机。

预防危机是危机管理的首要目的，预防和控制可以说是成本最低，也最简便的一种危机管理方法。企业在危机管理过程中，应该收集和整理所有可能出现的风险，同时还要广泛征求各方意见，对一些可能导致危机的原因进行排除。企业危机管理就是要为企业避免危机。

2. 控制危机。

控制危机主要是指建立应对危机的部门，并制定相应的危机管理制度、流程和计划。从而确保在危机发生时，能够从容应对，将危机控制在合理范围之中。

3. 解决危机。

解决危机主要指通过危机公关手段来阻止并消除危机。具体来说，就是按照危机管理的计划和流程，来进行危机处理。

4. 在危机中恢复。

危机会给企业带来一些不可预知的不良影响，企业危机管理就是为恢复和重塑企业形象而存在的。

5. 在危机中发展。

危机管理最为重要的一个环节就是危机总结，总结在危机中得到的经验和教训，可以更好地推动企业的发展。很多时候，危机对于一个企业来说，并不一定是坏事，只要处理得当，并能从中总结经验和教训，就能够在其中找到促进企业发展的机会。

6. 实现企业的社会责任。

高效的企业危机管理还能够促进社会的安定与进步。如果企业危机管理能力不足，危机处理不当，也可能会为社会造成负担，影响社会的安定与祥和。

而企业在进行危机管理工作时，需要遵循以下几方面的原则：

1. 制度化原则。

很多时候，危机的发生是难以预测的。其往往会表现为一些突发事件，这些突发事件会在很短时间里对企业造成恶劣影响。为了应对这些突发事件，企业内部应该形成一套制度化、系统化的危机管理机制。

这套危机管理机制虽然在企业正常运转时起不到太大作用，但是在发生危机时，却会及时启动，在危机处理中发挥重要作用。一些规模较大的公司，都有非常完备的危机管理机制，这也是危机事件的发生对这些企业影响较小的原因。

制度化的危机管理机制能够在发生危机时，快速采取措施，所有工作也能够井然有序地展开。因此，企业在建立危机管理机制的时候，一定要将危机管理机制制度化。

2. 诚信形象原则。

诚信是企业的生命线，危机的发生大多都会影响到企业的诚信形象，严重的甚至会影响到企业的生存。企业危机管理的一项重要任务就是维护和塑造企业形象，因此，在危机管理过程中，企业要努力减少诚信形象的损失，在采取具体措施时，一定要努力维护自身的诚信形象。

3. 信息应用原则。

随着信息技术的不断发展，企业危机管理也开始更多依靠于良好的危机管理信息系统。通过危机管理信息系统，企业能够更迅速、更准确地获取信息资料，为危机管理工作提供必要的支持。

企业在进行危机管理工作时，必须要建立起高度灵敏而又准确的信息检测系统，随时收集各方面的信息，及时分析处理。这样才能够将风险隐患消灭，起到预防危机的作用。

4. 预防原则。

企业危机管理工作要求"防患于未然"，预防危机也是企业危机管理的重点。为此建立一套规范的危机管理预警机制是十分必要的。

5. 重视与参与原则。

企业管理者应该积极参与和领导企业危机管理工作，这是一种有效解决危机的重要举措。危机处理工作往往会涉及企业中的各个部门，同时还需要与多方协调，在企业中只有管理者能够进行统一指挥和协调。这样企业危机管理工作才能协调一致、平稳进行。在很多危机管理事例中，企业管理者不重视、少参与，成为危机管理工作失败的一个重要原因。

6. 快速反应原则。

危机事件的发生往往都很突然，但其蔓延的速度却又异常迅速，这便为企业危机管理工作造成了不小的困难。在面对危机事件时，应对速度影响着危机事件最终的解决效果。在进行危机管理工作时，一定要沉着冷静，在第一时间查清楚原因，找到危机的根源。同时企业还需要以最快的速度启动危机应对计划，并迅速制定出相应的对策。

7. 沟通原则。

沟通是企业危机管理中的重要内容。在危机管理工作中，企业需要与员工、媒体、政府、消费者等众多利益相关者进行沟通。沟通能够有效消除危机为企业带来的负面影响，因此，企业应该加强沟通意识，在危机事件处理过程中，及时与利益相关者进行沟通，将事件真相及时告知公众，争取获得社会舆论的谅解与支持。

企业危机管理的具体操作流程

根据危机事件的发展过程，行政部门可以将危机管理工作分为三个不同阶段：

一、危机防范阶段

在危机防范阶段中，行政部门主要需要做好以下几方面的工作：

1. 组建企业危机管理应对小组。
2. 观察危机发生前兆，分析危机影响程度。
3. 高度重视危机事件，预先制定科学周密的危机应对策略。
4. 进行危机管理训练，提高危机事件应对能力。

二、危机处理阶段

在危机处理阶段中，行政部门主要需要做好以下几方面的工作：

1. 在危机发生后，迅速采取有效措施隔离危机。阻止事态继续发展，并迅速找出危机发生的原因。
2. 迅速启动危机应对策略，防止事态扩大。
3. 将公众利益放在首位，努力维护企业形象，获取长远利益。
4. 在危机应对策略开展过程中，要随机应变，针对具体问题，随时提出修正措施，应对危机蔓延。

三、危机总结阶段

在危机总结阶段，行政部门主要需要按照以下几个步骤开展工作：

1. 调查：迅速对危机发生的原因和相关预防、处理措施进行系统调查。

2. 评价：对危机管理工作进行全面评价，详细罗列危机管理工作中出现的各种问题。

3. 整改：针对危机管理工作中出现的问题，进行归类汇总，提出整改措施。

应对企业危机管理的方案实操

在经营管理活动中，企业遇到的危机是多种多样的，但无论是哪种形式的危机，都会对企业发展造成不良的影响。行政部门之所以要做好企业危机管理工作，就是为了将这些危机扼杀在摇篮里，把危机可能对企业造成的损失降到最低。

不可否认，危机事件具有偶发性，但危机管理工作却马虎不得。企业应该建立起完善的危机管理机制，制定全面的危机管理对策，只有这样，才能够最小化危机事件的负面影响。

一般来说，企业危机管理的对策主要包括以下几方面的内容：危机预防、危机确认、危机处理、危机善后。

一、危机预防对策

1. 树立危机意识。

在进行危机管理时，企业需要树立危机意识，为员工们营造一种危机氛围。因此，行政部门要让员工把危机预防看作日常工作的一部分，为此就要加深对全体员工的危机管理教育以及危机管理培训。这样才能提高员工进行危机管理的能力，提高员工在面对危机时的心理素质，从而提高整个企业的危机管理能力。

2. 建立危机预警系统。

预防危机是需要一个准确、灵敏的危机预警系统的。在进行危机管理工作时，行政部门需要做好信息监测工作，以便全面收集多方信息并进行分析处理。行政部门在收集和分析信息后还需要对可能到来的危机进行预测，并在必要时给公司发出危机警报。

3. 建立危机管理机构。

企业危机管理工作是需要全体部门和全体员工参与进来的，但起主要作用的还是危机管理机构。危机管理机构不仅是危机处理时必不可少的主要力量，也是日常危机管理工作的执行者。建立危机管理机构是行政部门进行危机管理工作的开端，在危机管理机构成立之后才能更好地开展危机管理工作。

4. 制定危机管理计划。

在企业危机管理机构成立之后，行政部门就需要根据一些可能发生的不同类型的危机，来具体制订一套完整的危机管理计划。在危机管理计划中，具体应该包括各种危机的具体影响形式以及解决流程与方法。

二、危机确认对策

行政部门危机管理的重点就是危机确认工作必须准确无误，为此，危机管理人员既要做好日常的信息收集和分类管理工作，也要善于发现危机发生前的信号。这样一来，在出现危机前兆时行政人员就能迅速确定危机类型，并安排后续的危机处理工作。

三、危机处理对策

1. 承担责任。

虽然在危机发生之初，危机发生的原因也许并不明晰，但在危机发生之后并出现受害者的情况下，企业需要主动承担责任。在承担责任之后，企业需要迅速对危机事件展开调查、处理，如果事件过于负面，企业需要对受害者加以补偿，待事件原因查明之后，企业还应该将原因向公众公布，并根据具体情况采取有效措施。

2. 真诚沟通。

在危机事件中，企业会处在舆论的旋涡中。这时候，企业的一举一动都会变成公众和媒体关注的焦点。为此，企业在对外沟通时应该主动与媒体联系，在与公众沟通时态度要真诚。企业的态度越真诚就越有利于消除负面影响，这样才能促进双方的理解。

3. 速度优先。

在处理危机事件时，企业的行动一定要迅速。因为好的消息传播速度可能不快，但坏的消息却可以像病毒一样迅速传播。这时候，企业能否在信息扩散开来之前解决危机事件，就决定着危机管理的最终效果。

在面对危机事件时企业需要当机立断、迅速行动，因为企业若不能迅速控制事态，就会让危机范围扩大，甚至可能会失去对危机事件的掌控。在危机事件发生的第一时间，能够控制住事态，是处理危机事件的关键。

四、危机善后对策

危机的善后工作主要是为企业消除危机的负面影响，并总结危机带来的经验教训。企业形象在危机发生之后势必会受到影响，这点是毋庸置疑的。这时，行政部门的工作关键就是如何开展善后对策，来弥补企业的形象损失。

1. 危机评估和总结。

在危机事件后，企业需要对自身的管理工作进行全面评价，争取找出其中存在的各种问题。

2. 对问题进行整改。

大部分危机事件的发生都与企业管理不善有着密切的联系。通过总结和评估，管理者能发现企业中存在的一些问题，管理者在发现问题之后需要责令相应部门进行问题整改。

3. 寻找商业机会。

有些危机事件会给企业创造一种新的机遇，管理者对于这一点应该给予足够的重视。管理者需要学会利用危机探索企业经营新方法，毕竟有些时候危机也能为企业带来商机。

总之,危机是每个企业在发展过程中都会遇到的事情。管理者要正确面对危机,不能只是片面地将危机看作企业的失败,很多时候危机中也是孕育着商机的。危机管理是企业发展战略中的一项重要内容,在进行创新发展的同时,企业也应该将危机管理与创新结合在一起。很多时候,善于利用危机也能够给企业带来不小的经济效益。而且,在危机之中,企业的整体素质和综合实力也可能获得显著提升。

第四节 企业保密工作管理

什么是企业保密工作?

保密工作的重要性是毋庸置疑的,因为企业的生存与保密工作管理息息相关。可是,大部分企业在保密工作管理方面都有所欠缺。究其原因,还是因为保密工作是一项长期的隐性工作,无法从明面上看到它给企业带来的效益。可是,如果不采取行之有效的保密管理,企业的稳定和发展就会受到挑战,也会因此蒙受巨大的经济损失。

企业的商业机密保护得好,就能在竞争日益激烈的市场中拥有更大的获胜把握。所以,管理者要号召全体员工牢固建立"保密无小事,细节见成败"的安全意识,杜绝"口头保密工作"等现象。

为了让企业管理者们更好地进行保密工作,我们将在本节剖析企业保密工作需要改进的部分,以此给各位管理者带来启示。

首先,企业保密工作要做到组织体系完善。

企业要设立保密委员会,并定期召开会议进行企业结构调整,这样能及时应对改革中出现的人员变动和结构变动所带来的泄密可能。保密委员会可以覆盖各部门的专职兼职人员，这样就能针对全体人员进行无漏洞的保密工作，形成全方位的安全防护。

其次，企业保密工作要做到工作责任体系完备。

企业要切实推行保密工作，尤其是"一岗双责"制，这样能明确每位人员的业务究竟管到哪一级。企业要确保人员的业务到哪一级，保密工作就管到哪一级，这样才能增强管理者的紧迫感、责任感与使命感，才能真正将保密工作落实到岗位，量化到个人。企业还要确保每项保密措施都有规可依，要确保每项保密条例都有相应的考核措施和奖惩措施，必要时还要与各单位签订《保密工作责任书》。

最后，企业保密工作要做到保密制度体系完善。

企业要及时编制《企业保密工作管理细则》，因为关于手机泄密风险已呈现出逐年递增的趋势，为了更好地对生产场所和办公场所进行规范，企业需要印发《员工手机使用管理细则》，以此来强化全员的保密意识。

总之，企业要对各级员工进行随机抽查、突击检查，这样才能进一步提高企业的保密防护能力，才能真正夯实保密管理的基础。

新形势下企业保密工作的重要性

当前社会是一个以科技为先导的现代化社会，也是一个电子化的信息社会。随着科技的发展与电子时代互联网平台的兴起，网络也成为企业提高竞争能力、降低经营成本、提高服务质量的重要平台。

然而，在这样的现代化机遇背后，企业的保密工作也面临着前所未有的特殊挑战。新形势下企业的保密工作的重要性，是每一个企业都要深切思考的问题。

保密工作不仅是高管要做的，每名员工也都要做，所以，企业管理者需要将"保密职责是员工要履行的重要责任"灌输到员工头脑中。面对新形势的保密挑战，企业在人员管理方面也要做到传统措施与新措施并行。

为了更好地宣传新形势下保密工作的重要性，我们需要从以下三方面着手：

第一，做好保密工作的日常宣传教育。

宣传教育不仅适用于学校，也同样适用于企业。管理者需要采用多种类型的宣传模式，让员工充分意识到保密工作的重要性和紧迫性。

在宣传时，管理者可以采用手册、宣导会、定期考试等方式进行宣传，要让每位员工都知道哪些工作是属于保密范围的，比如，企业技术机密、企业经济效益、企业管理机密等，都属于保密工作范围。管理者也可以经常组织员工观看保密案例，让员工切身体会到保密的重要性。管理者还可以采用标语式宣导法，制作一些"不该听的不听，不该看的不看，不该说的不说，不该传的不传，不该问的不问"的口号，每天让员工耳濡目染，让履行保密职责成为员工的日常工作之一，在企业内培养良好的保密风气。

第二，加强保密工作的软件设施。

很多员工泄密都是因为对泄密后果的认识不够严肃，所以，管理者可以在制定奖惩措施时，加大对泄密行为的惩罚内容，如"迟到早退罚款200元，不穿工服罚款200元，无故旷工罚款500元，泄密罚款2 000元，且根据泄密后果的大小具体制定处罚措施，必要时采用法律途径解决，上不封顶"。

另外，管理者要加强保密制度的修订与完善，根据企业发展的不同时期，及时更新不同的保密制度与措施，从管理层面杜绝泄密事件的发生。管理者还要不定期抽查各部门及基层的保密工作，以便及时发现保密工作的隐患与薄弱环节。

第三，加强保密工作的硬件设施。

一些大型制造业公司会要求员工入场时在手机摄像头上贴贴纸，且非涉密人员不得进入部分厂区，如非涉密人员因特殊情况进入厂区时，要自觉接受检查，并保证不触碰涉密机器（如计算机、硬盘等）。

保密工作是企业办公管理的大事，也是一件长期性的工作。保密工作的好坏直接影响到企业的利益，所以，在新形势下管理者们需要强化保密工作，这样才能保证企业利益不受损害，才能为企业的稳定发展奠定基础。

如何做好企业保密工作管理

在了解保密工作的重要性后，我们就要考虑如何做好企业的保密工作管理。

在考虑这个问题前，管理者一定要明确一点：泄密的途径有千百种，单纯地东堵西防是没有效果的。所以，防泄密要从源头解决，而不是堵住所有的泄密途径。

为了从源头解决问题，管理者就要反省公司的保密工作究竟存在哪些不足。

首先，管理者要考虑公司专职、兼职的保密人员业务水平如何，全员的保密意识是否需要提高。

虽然大部分公司的领导干部都对保密工作十分重视，但普通干部与一般职工的保密意识还是比较淡薄的。究其原因主要有以下三个方面：

（1）他们没有主人翁意识。一些干部和员工没有责任感和使命感，没有把自己当作公司的一员，所以，他们不在意泄密，也不在乎自己的行为有没有泄密的风险。（2）他们不认为自己是涉密。很多员工并不觉得自己是保密人员，所以他们觉得保密工作与自己无关。（3）有的单位和工作人员知道自己是保密单位、保密人员，可是，他们却对保密知识缺乏全面了解。他们不会注意场合，也不会注意避开非涉密人员，由于在保密方面的经验欠缺，所以容易发生非主观泄密事件。

其次，管理者要考虑公司的保密工作管理制度是不是需要完善。

虽然很多公司都在保密层面上有一定的制度保障，但实际上这种保障却与科学定密的要求相差甚远。所以，管理者亟须针对保密工作进行监督检查、统筹协调，并制定完善的保密工作管理制度，这样才能在源头上落实保密责任。

最后，管理者要科学准确地规范定密工作。

管理者要明确公司保密工作的范围，并且明确应当定密与不必定密的信息，对于一些涉密信息的解密时期也要定好。有些保密工作管理制度不够完善的原因就是忽略了这些细节，使得公司上下对涉密的内容不清晰。

针对上述三点原因，管理者要作出相应的解决对策。

对策一，领导班子要起到带头作用，经常开展保密工作。领导班子可以利用公司例会、安全生产会、市场工作会等来强调保密工作的重要性。当员工和普通干部看到领导发挥带头作用并保持高度警惕后，他们也会受到潜移默化的影响，紧绷保密工作的"弦"，持续不断地提高忧患意识，以认真严谨的态度严守保密关。

对策二，加强岗位自学意识，每年选一批保密专职干部外出学习，同时选一批兼职保密人员进行培训。这是为了让专职、兼职的保密人员将所学的理论知识与公司的实际情况结合起来，在日常保密工作中发现问题，并及时找到解决办法。

对策三，根据公司的发展需要，不断修订和完善保密工作制度。在修订和完善保密工作制度时要注意结合新技术的特点，跟上信息时代的发展，这样才能从制度上保证保密工作扎实有效地推行。

当企业发生泄密事件时

据报道：

"××妈"前员工携带核心机密跳槽，给公司造成1 000多万元损失；

"×软"前副总经理窃取CT机核心研发资料，给公司造成1 470多万元损失；

"×尔"前高管跳槽后泄密，给公司造成近3 000万元损失。

……

如今，泄密事件已经成为令各大企业颇为头痛的问题。

不管他曾经是高管，是技术人员还是设计人员，都有可能将公司的机密泄露出去，而且他们泄密的手段也是层出不穷。

作为企业运营管理人员，我们根本没办法将保密工作做得尽善尽美，因为我们不能预料下一个泄密的是谁，对方会使用什么样的方式泄密。但是，我们可以加强企业机密的保护工作，加强企业的信息安全管理，这样才能降低企业泄密的风险。

就像人生病了一样，我们无法预料自己接下来会患上什么疾病，但如果我们增强体质，就有可能减少患病的概率。

在企业机密泄露前，我们可以通过一些方式加强保密工作管理。那如果企业机密已经泄露，我们又该如何操作呢？

首先，我们要做好公关维护工作。

随着机密的泄露，一些其他内容也会暴露在公众面前，为了将损失降到最低，我们要积极进行公关处理，一边维护企业形象不受损，一边对泄密者与购买机密的公司机构进行追责。

其次，我们要做到依法维权。

企业的法务部门或人员，要收集泄密者的泄密证据，并参考相关企业法，对泄密者与购买机密的公司机构提出诉讼。

可以使用的起诉理由：

1. 以盗窃、利诱、胁迫或者其他不正当手段获取权利人的商业秘密。

2. 披露、使用或者允许他人使用不正当手段获取权利人的商业秘密。

3. 违反约定或者违反权利人有关保守商业秘密的要求，披露、使用或者允许他人使用其所掌握的商业秘密。

4. 第三人明知或应知他人以不正当手段侵犯了权利人的商业秘密，而予以获取、使用或者披露该商业秘密的，也视为侵犯商业秘密。

最后，我们要做好保密工作与泄密预防管理。

在泄密事件出现后，总结相关经验是十分必要的事。

在总结之前，我们要明确企业内部人员泄密的原因主要有以下几种：

1. 跳槽——为了谋求更高薪酬与更好发展，进行有意识的窃密、泄密活动。

2. 为谋取私利——身居要职的员工，可能会受到金钱诱惑而出卖公司机密。

3. 商业间谍——其他公司精英为窃取机密来公司求职，目的就是盗取商业机密。

4. 黑客——基于牟利手段或报复手段窃取公司机密。

5. 无意识泄密——员工在使用手机、计算机等数码产品时，无意识将公司机密爆出。

其实，这些泄密原因都是比较好预防的。下面，我们来具体讲解如何防范企业内部人员泄密。

第一，集中管理策略。

企业需要根据不同的部门，设置不同的加密策略和控制策略，如禁止权限不够（基层员工与小主管）的人员浏览高级密级文件；不同部门间不能打开彼此加密的文档；缩短文件数据周期等。

第二，禁止复制、打印和截屏。

现在的文件除了编辑保存途径可加密外,还有不少软件都自带复制痕迹与截屏痕迹,当有人复制、打印和截屏改文件时,管理员会收到相关记录,这样能有效杜绝基层人员的违规操作,减少无意识泄密的风险。

> **Tips:**
> 在企业内部泄密事件中,泄密途径主要有两种:计算机外设介质、存储介质,如移动硬盘、U盘、闪卡等;传输介质,如传真、打印、光驱等。
> 网络通道:网络社交平台等。

第三,解密文件需获审批。

将企业文件划分等级,高级密级文件一律加密,如要浏览则需向企业高层申报解密。经过审批后,加密文件方可解密。如果有人想跳过审批步骤直接打开,则密文直接显示无法获取真实内容。

第四,防止操作失误泄密。

工作中,人员时常会出现失误操作,将本该内部发送的邮件外发给其他人。在这种情况下,企业可以将高级密级文件进行加密发送,即便发送到外人邮箱,如无解密软件也只是一堆乱码,这样就能有效避免误操作泄密事件的发生。

机密泄露事件一直是各个企业亟待处理的问题,它就像一根导火线,如果任其发展,就有可能给企业带来严重的危害。

所以,请别忘了给企业加密。

第五节　企业客户和公关管理基本表单

表7-1　客户归类汇总表

序号	公司名称	联系人	职务	联系方式	公司地址	所属行业	客户类型	客户等级

表 7-2　客户业绩统计及信用评估表

客户名称：

销售序号	合同号	合同存异于变更情况	信用评估	提货量	提货日期	货物价款	货款回收	回收日期	信用评估	累计销售	累计回款	当期信用评估	上年同期信用
合计													

表7－3　客户投诉管理卡

客户名称						
投诉时间		投诉主题		投诉人		接诉人
回复时间		处理人		回复人		
投诉内容						
投诉分析						
处理办法						
处理结果						
客户反应						
备　注						

表7－4　客户拜访档案记录

客户名称：

拜访序次	拜访目标	面谈者	商谈内容及问题	商谈结果	存留异议	解决预案	结束面谈时间	下次计划时间

表 7-5 业务工作日志

业务员：　　　　　　　　　　　　　　　　　　日期：　　年　　月　　日

	客户	拜访或交通时间	拜访对象	访谈内容	会谈结果	备注
客户拜访记录		时　分至　时　分				
		时　分至　时　分				
		时　分至　时　分				
		时　分至　时　分				
		时　分至　时　分				
		时　分至　时　分				
	市场分析			产品分析		

	客户	合同号	合同产品	数量（kg）	合同金额	缴款金额	备注
销售回款记录							

	时间	协调部门	事件	完成情况	备注
公司内部事务					

主管评价	

出纳：　　　　会计：　　　　主管副总：　　　　部门主管：　　　　制表人：

表7-6 客户资料管理卡

公司名称			电话		传真	
地址					邮编	
企业类型				注册资金		
营业内容		内销: % ; 外销: %				
营业概况	内外销比					
	营业性质					
	信用状况					
	营业状态					
	员工人数					
	淡旺季分布					
	最高购买额/月					
	平均购买额/月					
主要负责人概况	姓名	职务	电话	性格特点		爱好
使用本公司主要产品						
首次交易时间						
备注			总经理	经理	主管	制卡

表7-7 客户统计表

产品	地址	客户数	销售额	平均每家年销售额	前三名客户名称及销售额					
					名称	金额	名称	金额	名称	金额

表7-8 新开发客户报告表

客户名称		电话	
公司地址		电话	
主办人员			
推销产品			
第一次交易额及品名			
开拓经过			
备注			
批示			

经理： 报告人：

表 7-9　客户信用额度核定表

客户编号						
客户名称						
地址						
负责人						
部门类别	以往交易已兑现额	最近半年平均交易额	平均票期	收款及票据金额	原信额	新申请信额
主办信用综合分析研判（包括申请表复查、商业道德、经营盈亏分析、偿债能力、核定额度、附带应注意事项等）			信额核定或审查意见		签章及日期	
			主办信用			
			业务主任			
			区经理			
			总公司			
			生效日期			

表 7-10　客户信用评估与建议

编号：_____　　　　　　　　　　　　　　　　　日期：_____

客户编号			建议发货最高限度	
客户名称				
成立日期				
预计销货	向本公司采购产品：			
	每月平均采购数量、金额：			
	采购旺季：			

续表

客户业务状况	销售产品名称：
	平均月销售量：
	销售地区比例：
	未来营运方针：
结论	商场经营经验：
	市场销售能力：
	财务状况：
	关系企业名称：
	其他供应厂商：
	对该公司意见：

表 7－11　问题客户检核表

公司名称	销售负责范围及所在位置	移动方向	问题点	对策

表7-12　特殊客户申请表

申请人：　　　　　　　　　　　　　　　　　　　客户数目：

厂商名称	负责人	经营项目	年交易金额	本年预计金额	拟给予价格与产品	批示

批示：　　　　　　　　　　审核：

表7-13　经销商寻访计划表

负责人		负责区域		
寻访计划安排				
序号	访问日期	访问对象	寻访内容	预达目标
主管意见　　　　　　　　　　　　　　　　　　　　　　　　主管				
总监意见　　　　　　　　　　　　　　　　　　　　　　　　总监				

表7-14 经销商信息资料表

企业名称				产权人	
地址				电话	
联系人		职务		电话	
月销售额		年销售额		资金状况	
卖场数量		经营面积		员工数量	
现经营产品品牌					
我公司产品进货情况					
我公司产品销售情况					
我公司产品库存情况					
合作订货意向					
营销网络现状					
需要支持事项					
结算方式					
价格					
运输					
其他信息					

业务员： 日期：

表 7-15 危机调查报告表

编号：　　　　　　　　　　　　　　　　　　　报告日期：_____年____月____日

调查人姓名		部门	
调查事件			
调查日期		调查地点	
危机原因			
危机概况			
所造成的损失			
公关主管意见		媒介主管意见	
综合管理部经理意见			

第八章　企业总务后勤管理

第一节　企业后勤管理制度

什么是后勤工作？

所谓后勤管理，就是企业充分利用后勤资源，开展与公司服务相关的活动。后勤管理是保障公司正常工作顺利运行的重要组成部分，也是公司开展其他各项工作的前提。

通过后勤管理工作，公司可以促进各部门之间的交流，也能促进本公司与外部单位的交流，同时还可以保障员工正常的工作权益。可以说，后勤管理也是公司对员工权益的一种保障。

优化的公司后勤管理直接关系到公司的生存和发展，是提高公司市场竞争力的重要手段。后勤管理的对象可涉及公司的物资、财务、生活、环境等各种内部事务。

目前，不少公司都没在后勤管理方面投入太多，而且，大部分公司对后勤管理工作的重视程度也都有所不足。公司的后期管理部门大多没有相关的计划规划，通常是一纸条例了事。如此一来，公司的后勤管理工作就会缺乏计划性、针对性和目的性，公司后勤管理职能的弱化，也会影响到其他部门职能的发挥。

不同公司关于后勤管理的工作要求是不同的，这种不同除了体现在工作内容上，还体现在各个公司后勤管理工作的特点上。

一般来说，公司后勤管理工作的特点主要包括以下几方面内容：

1. 社会性。

公司后勤管理工作的范围相当广泛，而且与社会有着紧密的联系，社会环境也会对公司后勤管理工作的开展产生影响。

在当前市场经济的大环境下，公司若想做好后勤管理工作，就迫切需要改变已有的封闭模式，让公司的后勤管理工作可以更好地与社会相融合。公司在充分利用社会优势资源的同时，也要整合后勤部门的管理工作，这样一来，后勤部门才能更好地为公司服务。

2. 服务性。

虽然后勤管理有"管理"二字，但实际工作内容还是要落脚到服务上。可以说，公司后勤管理是在服务中的管理，管理只是服务的手段与途径，服务公司才是该部门的最终目的。因此，公司后勤管理工作需要将为公司、为领导、为员工服务作为根本出发点与落脚点。

3. 细节性。

公司后勤管理工作是需要连接公司内部各部门及外部多种单位的工作，所以，后勤管理部门承担的工作大多都比较琐碎、复杂。不管是公司的人事、物资储备，还是员工的衣、食、住、行，这些具体的工作都可以体现出后勤服务的细节性。

后勤管理工作的琐碎导致其工作内容具有复杂性，为此，后勤管理部门需要处理好细节方面的工作，尽量化繁为简。也就是说，后勤部门的工作既要与企业内部各部门有效沟通，也要协调好公司与社会单位之间的关系，这种细节性工作是对后勤人员的一大挑战。

4. 限时性。

随着市场竞争日趋激烈，公司各项资源的配置与管理要求也应该逐渐严格。在企业竞争日益激烈的大背景下，公司后勤管理工作就一定要严格管控时间因素，不能只为完成后勤管理工作而忽视时间。想要做好这一点，公司后勤管理部门就需要在具体工作中增强对任务的预测性和计划性。

5. 专业性。

公司后勤管理工作虽然看似简单，但实际上要面对的困难却很多。这不仅因为后勤部门要处理的事务琐碎、庞杂，还因为它承担的责任非常重大。所以，公司在进行后勤管理工作时，不但需要配备更多的专业人员，还要在完善各项管理制度的同时，综合运用各种现代化手段进行科学管理。

如果把公司看作一台机器，那公司后勤管理工作就像对机器进行看护维修的工作人员。若想保证高效运转，公司就需要对后勤管理投入更多关注，不断完善后勤管理制度。

为什么后勤保障管理这么重要？

企业后勤管理工作的作用主要是由其基本职能所决定的，一般来说，其主要表现为以下几个方面：

一、为企业各项工作活动的开展提供物质保障

企业各项工作要想顺利开展，不仅需要后勤管理部门提前准备好各项必备条件，同时还要在工作活动开展过程中提供后勤服务。企业后勤管理工作可以为企业其他各项工作活动的开展提供物质基础，加强企业后勤管理，能够保障其他各项工作活动顺利开展。这也是企业后勤管理工作的一个基本作用。

二、提高企业的运转效率和对各项资源的利用率

除了为其他各项工作活动提供物质保障外，企业后勤管理还承担着提高企业运转效率的责任。科学高效的后勤管理工作，能够提高企业的

运转效率，通过后勤管理，能够让企业的人、财、物得到更为高效的利用。

调动企业员工的工作积极性，提高企业资金的使用效率，充分发挥企业物资设备的潜力，是企业后勤管理工作的又一作用，同时也是提高企业运转效率的必要条件。任何管理工作的最终目的都是提高企业的效益，后勤管理也不例外，所以，这方面的作用可以看作后勤管理工作的一个主要作用。

三、保障企业员工的各项工作权益

企业后勤管理工作与企业员工的生活密切相关，其中涉及员工的诸多利益。做好后勤管理工作，可以为员工提供舒适的工作环境，帮助员工解决工作和生活中遇到的各种困难。这样就能让员工对工作、企业产生更高的喜爱之情，进而主动发挥工作积极性，完成自己的本职工作。在获得更高个人收益的同时，提高企业的经济效益。

四、维持企业正常工作秩序

做好后勤管理工作能够维持企业工作秩序的稳定，促进企业的安定团结。企业员工的衣、食、住、行、用等工作，都需要企业后勤管理部门来负责，做好了这些工作，员工就能安心高效地工作，减少矛盾问题的发生。在维持员工队伍稳定的情况下，维护企业的正常工作秩序。

管理者在进行企业后勤管理工作时，要充分认识后勤管理工作的作用。这样才能正确对待企业后勤管理工作，重视后勤管理工作。除了管理者，后勤管理部门的员工也需要认识到后勤管理工作的作用，这样他们才能正确认识自己的工作，牢固树立服务意识，为企业其他部门和员工提供更优质的后勤服务。

后勤管理岗位的职责有哪些？

企业后勤管理工作主要由后勤管理部门负责，其是企业的后勤保障机构，一般来说，企业后勤管理部门的主要工作职责包括以下几点内容：

1. 制定后勤管理和服务方面的规章制度、标准及实施细则，并安排实施。

2. 负责企业员工食堂的管理，保障员工基本的用餐需求。

3. 负责企业员工宿舍的管理，满足不同员工的住宿需求。

4. 负责企业宿舍、食堂等固定财产的盘点，建立基本账目表单。

5. 负责对企业房产、房屋、公用设施的管理和使用、维修、养护等工作。

6. 负责员工活动中心的管理，包括开放和关闭以及设施的维护工作。

7. 负责编制、上报后勤物资需求，对后勤物资进行采购、领用和消耗的监督审核工作。

8. 负责企业的防火、防盗等安保工作，定时或不定时巡逻，发现安全隐患及时处理汇报。

9. 负责企业各类灾害及其他突发事件的处理，包括《应急疏散指南》《灾害应对手册》的编写。

10. 负责企业公务车及驾驶员管理，合理安排车辆使用，并做好记录。

11. 做好企业车辆的日常保养及年检等与车辆管理相关的工作。

12. 制定企业各区域、车间的卫生保洁安排，执行卫生责任人负责制。

13. 及时妥善处理后勤服务质量问题的投诉，提高后勤管理工作水平。

14. 安排和协调有关人员做好会议和活动的保障工作。

15. 做好本部门的月、季、年度工作计划和预算工作。

16. 加强部门团队建设和管理，负责部门内部员工技能、心态及意识方面的培育工作。

17. 主动协助、配合相关部门开展工作，及时完成上级部门交办的其他工作任务。

后勤管理工作的基本方法

管理者想要做好后勤管理工作，不仅需要从思想层面上提高对后勤管理工作的重视程度，同时还要充分认识到企业后勤管理工作对企业其他各项工作的展开所起到的重要作用。企业后勤管理工作不仅关系到企业的正常运行，同时还与企业员工的切身利益密切相关。

因此，后勤管理工作不仅需要从企业工作管理方面入手，还要更多关注企业员工的各项需求。通过完善的后勤管理可以为企业员工创造良好的工作环境，提高员工的满意度，进而提高其工作效率和对企业的归属感。

在具体方法上，企业后勤管理需要与社会大环境相结合，保持与时俱进，同时还要根据企业实际经营情况来确定。一般来说，企业后勤管理工作可以从以下几个方面展开：

一、依法管理

企业后勤管理工作的开展一定要依法进行，强化法律法规意识。与企业后勤管理工作相关的法律法规包括《消防法》《食品安全法》《物业法》《治安管理处罚法》等。这些法律法规也是企业后勤管理制度制定的一个重要依据，后勤管理部门在制定和实施后勤管理制度时，需要在依法管理方面多下功夫。

在树立依法管理思想的基础上，不断增强法律法规意识，通过完善的规章制度来规范后勤管理工作。只有这样，才能让后勤管理工作逐步变得制度化、标准化和规范化。

二、科学管理

所谓科学管理，就是区别于传统管理，运用高技术手段来进行后勤管理。一方面可以通过建立科学的信息管理系统，收集后勤管理信息，提高后勤管理工作的效率和反应能力。另一方面可以通过后勤管理智能化，来降低后勤管理的成本，实现后勤管理工作的可持续发展。

三、责任管理

责任管理不仅对于后勤管理部门具有重要意义，对于其他部门同样意义重大。企业后勤管理因为涉及的范围广、内容多、关系复杂等因素，使得责任管理在后勤管理中的作用更加明显。

在后勤管理工作中落实责任管理，需要将后勤管理的内容和具体责任有效匹配，将每项细节工作和责任都精确到每个岗位和个人身上。同时引入考核机制，将其与工作绩效相挂钩，这样就可以形成激励与限制相结合的责任管理体系。

四、人本管理

后勤管理工作需要树立以人为本的观念，进行人性化管理。后勤管理工作的核心是服务，其主要工作是为企业提供各种后勤方面的保障。后勤管理工作需要从实际出发，从企业的需求出发，解决企业后勤方面的各种问题。同时，还需要最大限度地发挥人力、物力、财力的效果。

企业后勤管理工作是其他工作有效开展的基础。在当前时代，企业后勤管理工作要顺应时代潮流，不断更新管理观念，运用科学的管理模式。同时还应该结合企业的实际情况，从员工的基本需求出发，协调好各项后勤工作，在提高后勤服务质量的同时，为企业的可持续发展提供重要保障。

第二节 安全管理制度

公司安全管理制度

公司安全管理是企业管理中的重要组成部分，其目的是维护公司安全。通过制定安全工作的决策、方针、计划、组织、控制及协调职能，公司可以更加合理有效地运用人力、物力、财力，达到安全防范风险及进行各种活动的目的。公司的安全管理主要是为了消除安全隐患，消除安全事故的相关风险。

在公司安全管理中，安全生产是较为重要的内容。除了安全生产之外，公司安全管理还涉及诸多方面的内容。这些内容不仅关系公司员工的人身安全问题，也关系公司的生存发展问题。

公司安全管理可以从以下两方面进行理解。

第一，大多数公司讲述的安全管理，指的是公司在生产方面的安全管理，也就是前面提到的安全生产。从具体定义上来看，公司安全管理指的是以国家的法律、规定和技术标准作为依据，对公司采取各种手段，对其生产的安全状况进行有效制约的活动。这里所讲的安全管理既包括物的安全状态，也包括人的安全行为。物的安全状态指的是即使机器设备、技术出现了人为操作失误的情况，也不会发生安全事故的安全状态。人的安全行为则主要是指工作人员按照工作标准和规程开展工作，消除事故隐患。人和物的安全状态共同构成系统的企业安全。

第二，公司安全管理不仅包括企业生产过程的安全，还包括公司自身的安全。这里主要是指企业资源供给的安全和企业经营存在的安全。

公司安全管理涉及的内容十分广泛，除了包括重要的公司生产安全外，还应当包括信息安全、经营安全和人力资源安全等内容。通常情况下，公司安全管理需要包括以下几方面内容：

1. 生产安全。这里指的是设备安全、环境安全、施工安全等内容。
2. 员工生命安全。这里指的是员工生产过程安全、职业健康安全和员工自我保护能力等内容。
3. 经营安全。这里指的是营业安全、资源供给安全、财产安全、资金安全等内容。
4. 信息安全。这里指的是网络财务信息安全、电子商务信息安全、企业商业信息安全等内容。
5. 人力资源安全。这里指的是普通员工的频繁跳槽，以及中高层管理人员的非正常离职等内容。

至关重要的安全管理

公司安全管理的根本目的是保证公司员工的安全与健康，防止出现人员伤亡和财产损失。为了实现这些目标，管理者需要从安全技术和安全管理两方面入手，在这两方面中，企业安全管理起到的作用更大一些。

首先，做好公司安全管理能够防止安全事故的发生。

公司安全事故的发生，主要与四个方面的因素有关：人的不安全行为、物的不安全状态、环境的不安全条件和安全管理的缺陷。

大部分情况下，前三个因素出现是由最后一个因素导致的。所以，安全管理的缺陷往往是事故发生的根源，也是事故发生的更深层次原因。

所以说，做好公司安全管理工作，减少公司安全管理中的缺陷，就能从根本上降低事故发生的概率。只有不断加强公司的安全管理，不断改进公司的安全管理技术，才能做好公司安全管理工作。

其次，做好公司安全管理是落实安全生产方针的根本保证。

为了落实安全生产方针，公司不仅要加大对安全生产的投入，也要提高对各种灾害的控制水平，创造更为安全的工作条件和环境。此外，公司管理者也应该充分认识到企业安全管理的重要性，提高员工安全生产的意识。

员工在生产工作中既要自觉遵守安全生产的法律法规，也要努力提高自我防护能力和安全技术水平。想要实现这一点，管理者就需要高效的安全管理工作来保障。只有健全安全管理体系，加强安全监督检查和安全宣传教育，综合利用各种管理手段，才能使公司安全生产方针得到有效贯彻落实。

最后，做好公司安全管理可以促进企业的生产发展和经济效益的提高。

公司安全管理是企业管理的重要组成部分，与其他企业管理工作密切相关。做好公司安全管理工作需要对公司各方面进行全方位把控，不仅包括人员素质的提高和工作条件的改善，同时还包括设备的维修改造、工艺的优化升级等内容。

公司安全管理状况的改善，能够促进企业劳动生产率的提高，促进企业经济效益的增长。如果公司安全管理状况混乱，安全事故频发，员工的安全健康就会受到影响，公司的设备财产就会遭受损失，员工的生产积极性会大打折扣，公司的经济效益也会不断下降。因此，公司安全管理的水平在很大程度上，影响着公司的整体管理水平和整体经济效益。

安全管理问题与解决方案

想要做好公司安全管理，就需要建立起健全的企业安全管理法规制度，同时还需要采取必要的安全管理措施。公司安全管理不仅是企业个体的事情，很多时候还需要全社会共同配合。

作为管理者，想要做好公司安全管理，主要是要从公司角度出发去开展安全管理工作。通常情况下，从公司角度来讲，公司安全管理工作的具体方法，主要包括以下几个方面：

一、建立健全高效安全管理体制

公司安全管理体制主要包括公司安全管理领导责任制、公司安全生产责任制和责任追究制、公司生产设备安全管理制度、公司经营安全管理制度、公司信息安全管理制度、公司人力资源安全管理制度等。

管理者应当将安全管理列入公司日常管理工作之中，构建公司安全管理组织，进行安全责任分解。同时还要建立起公司安全文化，提高公司员工的安全生产意识。在安全文化之外，公司还应当建立起定期安全制度检查，落实安全责任制，让安全生产得到真正贯彻落实。

公司安全管理的同时，还需要加强劳动保护，改善员工劳动条件，这是维护员工利益的必要手段。公司管理者应该培养员工遵纪守法的能力，坚决制止违章生产行为。加大投入改善员工劳动条件，保障员工在生产过程中的安全和健康。

二、建立长效机制和激励机制

大多数公司对安全管理工作的认识还存在一定的偏差，认为公司安全管理并不需要相应的激励机制。实际上，激励机制对于公司安全管理工作的开展具有重要的推动作用。

在建立激励机制过程中，一方面，需要重奖预防事故有功的人员，可以通过物质奖励或精神奖励让其他员工效仿获奖员工的行为；另一方面，要严惩违反安全生产制度和操作规程的员工，通过惩罚措施来警醒其他员工，避免类似错误出现。

对于企业安全管理工作的激励措施，可以采用重奖优秀、严惩犯错的方式。突出对安全生产的奖励优先，进而让员工自觉养成安全生产的行为习惯。

除了建立激励机制，企业安全管理还需要建立起长效机制。长效机制的建立可以从以下四个方面着手展开：

1. 创新安全理念。

安全管理工作必须树立安全生产第一的理念，安全生产需要企业全体成员共同参与、共同监督。

2. 创新安全技术。

企业安全技术创新主要是在现有技术应用基础上，通过增加技术投入和资金投入的方式，来开发新技术、新设备，运用现代安全管理手段，来保障企业生产过程的高效和安全。

3. 创新监管手段。

企业安全管理应该综合调动所有资源，使更为广大的员工参与到安全生产的监督工作中。可以组织安全监管人员进行学习培训，来强化源头管理，创新监管手段。

4. 创新监督方式。

企业安全管理应该以安全保障体系和安全监督体系为基础，建立起权责明确、高度统一的科学体系。同时还要大力推广先进的监督管理方法，对监督方式进行持续更新和改进。

三、强化企业安全管理培训体系

在现代企业中，大多数员工的安全意识比较淡薄，自我防护能力较差，这也是企业安全事故频发的重要原因。而建立企业安全管理培训体系能够更好地避免安全事故的发生。

想要建立起完善的企业安全管理教育培训体系，首先需要抓好岗前教育培训，管理者应当将安全管理的内容列入岗前培训之中。企业岗前培训更多应该将重点放在培养企业员工的安全意识上，而不是放在具体的工作技术上，这是一种更为长远的教育培训。

在企业员工入岗工作之后，仍然需要定期进行安全教育培训，应该将安全管理内容列入员工职级晋升考核内容之中。有条件的企业，还应当安排专门的人员来进行安全管理教育培训工作，更好地进行安全管理教育培训工作。

四、建立安全道德运行机制

企业安全道德机制需要运用多种综合手段，其目标对象是企业员工的安全道德行为。完善的安全道德运行机制，主要包括以下几方面内容：

1. 建立安全道德规范。

企业管理者在完善企业各项规章制度的同时，还需要建立健全岗位责任安全道德等有效的道德规范，这样才能推动企业安全道德建设逐步实现制度化和规范化。

2. 实行安全道德目标管理。

安全道德目标管理主要是将企业安全生产中的道德标准纳入企业目标管理之中。

3. 建立安全道德激励机制。

想要使企业安全道德发挥应有的作用，就需要将安全道德与安全责任制相结合，在考核员工安全生产工作时，将安全道德的内容结合进去。

4. 加强安全道德法规建设。

企业管理者应该在企业内部广泛宣传、严格落实各项劳动保护法规，通过法律手段来提高员工的安全道德水平。同时通过劳动保护监督机构，来对违反企业安全道德的行为进行监督和管理。

第三节 车辆管理制度

车辆管理的内容是什么？

对公司来说，车辆管理其实就是对公司车辆与驾驶员技术的监督和管理。

从公司角度来看，车辆管理制度的具体内容应当包括驾驶员档案管理、行车安全管理、车辆档案管理、驾驶员用车记录管理、维修管理、加油管理以及费用管理等方面。

建立车辆管理制度，是为了能够确保公司车辆状态，能保证驾驶员安全行驶，能提高车辆的使用效率。所以，高效的公司车辆管理制度的制定需要遵循以下几方面的原则：

1. 安全性原则。主要指的是保持车辆技术状况良好，以及运输生产的安全。

2. 先进性原则。主要指的是依靠技术进步，通过科学的管理方法和先进的技术手段来进行车辆管理。

3. 经济性原则。主要指的是坚持低费用、低消耗，同时提高车辆运输效率。

4. 适用性原则。主要指的是企业车辆管理应该符合企业运输生产需要，而不能产生其他不必要的用途。

车辆管理的常见问题及解决方案

作为公司后勤管理中的重要组成部分，公司车辆管理在实际管理的过程中常常会出现一些问题。通常情况下，公司车辆管理在实际管理的过程中的问题主要包括以下五个方面：

第一，公车私用。在公司的管理过程中，管理者一定要避免公车私用现象的发生。为此，公司需要对车辆及驾驶员进行必要的监督和管理。

第二，消极怠工。不少公司的司机在工作中都会出现消极怠工的现象，这会对公司的正常经营和工作效率造成很多负面影响。在公务接待活动中，公车司机的消极怠工态度也会严重影响公司形象，降低员工的积极性。所以，公司对于这种现象需要严厉惩治。为了解决这一问题，公司在制定车辆管理制度时需要明确规定各种情形的奖惩措施，以此对消极怠工的司机产生威慑作用。

第三，用油量异常。有时，公司的车辆用油量会超过实际用油量，这就会增加公司的运营成本。单纯依靠公司员工的个人素质与职业道德来避免这种现象是很难解决实际问题的，所以，管理者在企业车辆管理中，需要有针对性地提出解决措施。

第四，瞒报过路费。有些司机会为了个人利益，通过各种途径收集过路费发票到公司报销，这种行为会给公司造成经济损失。所以，加强企业车辆管理也需要解决这一方面的问题。

第五，违章行车。违章行车是司机的个人行为，这种行为不但会威胁到个人的生命健康，也会影响到公司车辆的运输效率。所以，这也是公司车辆管理工作需要严加整治的行为。

除了上述问题外，公司在车辆管理时还会遇到诸如乱报车辆维修费、乱停车辆等问题，若想彻底解决这些问题就要建立公司车辆管理制度并严格监督，这样才能更高效地开展车辆管理工作。

第四节　环境卫生管理制度

企业办公环境管理

在行政部门里，后勤部门是一个不可或缺的存在，而后勤部门职能的最直接体现就是企业办公环境。为了给企业员工创造一个文明、整洁的办公环境，维护正常的办公秩序，给企业树立一个良好的形象，后勤部门需要严抓环境管理,这样才能提高办公效率,才能对公司开展各项工作与活动起到辅助作用。

在企业办公环境管理方面,后勤部门要从个人办公区域环境和公共区域环境两方面进行管理。

一、个人办公区域环境管理

1. 员工个人应自觉维护办公环境卫生,废弃物必须投放在指定的垃圾桶内,且避免自己的食物、茶水等污染地毯。

2. 员工的桌面需卫生整齐,常用的文件、卷宗及办公用品要放置在抽屉或文件柜内,尽量不要在桌面摆放与工作无关的个人物品,下班后要将椅子推进桌子。

3. 个人办公卡位屏风内侧仅允许粘贴便利贴(工作内容)与电话簿,但要保持整洁,卡位屏风外侧禁止贴任何物品。

4. 员工衣服需放入个人衣柜中,不允许搭在办公椅上,以免影响环境。

5. 上班期间,员工不允许接待个人亲朋好友,不允许与业务无关的客人会面,不允许阅览与工作无关的书籍、期刊、报纸等,严禁工作时间玩游戏、看视频、闲谈及睡觉。

6. 严禁在办公室进行打牌、下棋等娱乐活动,个人办公区域禁止奔跑与喧哗。

7. 个人办公室设电话是为了处理公务,禁止用于拨打私人电话。处理公务电话时,要注意说话音量,不要影响其他同事工作。

8. 上班期间必须佩戴员工卡,着装要得体大方,便于工作。

9. 男员工需穿西装衬衣,如只穿衬衣,不得挽袖子或不系袖扣;如穿西装,则不允许穿皮鞋(不包括皮凉鞋)以外的任何鞋类。

10. 女员工需穿职业套装,不得穿牛仔裤、运动裤、超短裙、低胸上衣及其他任何有碍观瞻的奇装异服。

11. 个人办公区域严禁吸烟。

12. 员工需保持良好卫生习惯,要做到手部洁净,鞋袜整洁。男士不允许留长指甲，女士不允许涂夸张色彩的指甲油，不允许做怪异造型的美甲，男士女士皆不允许穿颜色过于鲜艳的袜子。

13. 不能喷洒或使用味道浓烈的香水，不允许使用带有强烈气味的化妆品。

二、公共区域环境管理

1. 为了保持走廊畅通，未经许可，不允许在走廊堆放物品，严禁在消防通道堆放任何物品。

2. 在公共区域内制造的垃圾需由个人带走，或投放入指定的垃圾桶内，不允许在茶水间及盥洗室的水槽内倒入茶叶、烟头等杂物，以免造成下水道堵塞。

3. 员工需爱护公司公共设施，未经允许，不能在墙壁上随意涂抹、打孔、钉钉子、粘贴东西、悬挂杂物等，要保证公共区域的整洁干净。

4. 要强调节水意识，做到随手关水。

5. 打印、复印、扫描、传真等文件要及时收走，以免造成文件堆积或遗失。

企业办公环境虽然在行政部门的责权范围内，但说到底还是要靠每名员工来共同维护。

企业员工宿舍管理

为了让员工能够更好地学习、工作和生活，保证集体生活正常有序，行政部门应对公司员工宿舍制定管理制度，并维护员工宿舍的正常秩序。

首先，宿舍申请程序。员工在申请住宿前，一定要到行政部门登记备案，由行政部门统一安排房间和床位后才能入住。

其次，宿舍的入住须知。行政部门登记安排好宿舍后，不能私自调换宿舍及床位，且宿舍床位只能本人使用，不能转租给外来人员。如发现有转租现象，立刻取消其住宿资格，同时还要追究其相关责任；宿舍内不允许养宠物；不允许未登记人员随意进入，如有特殊情况，则需向行政部报备，取得行政部批准后方可进入；需要退宿的员工，需要提前3日到行政部门备案注销；离职的员工必须在2日内搬离宿舍，并到行政部门交钥匙、办手续。

最后，宿舍的缴费管理。宿舍的租金需要由公司统一支付，水电费则由公司与员工共同承担。宿舍内，凡是由公司提供的物品，员工都有义务将其维护完好，当发现恶意破坏的员工时，公司有权令其缴纳维修费用，并视情节的严重程度决定要不要予以处分。

下面是可供参考的《企业员工宿舍管理规定》。

宿舍常规：

1. 服从公司安排，自觉接受行政部门的监督和管理。

2. 不得在宿舍内养宠物，不得在宿舍内存放易燃易爆的物品及违禁品。一经发现，立刻没收相关物品，并对违规者进行罚款处理。情节严重者，需交由公安机关进行处理（交送公安机关处理的员工将在公司自动除名）。

3. 使用电子设备及电器时，不得影响其他人休息。

4. 员工的私人财物需妥善保管，不要将贵重物品放在宿舍内，如出现丢失现象后果需自行承担。

5. 严禁出现赌博、嫖娼及宣传迷信等违法乱纪和有伤风化的事情，如出现情节严重者，直接交由公安机关进行处理（交送公安机关处理的员工将在公司自动除名）。

6. 自觉养成良好的生活习惯与社会公德心，禁止在宿舍楼内部及附近乱扔杂物垃圾。

7. 各宿舍需推选一名舍长，每日清洁卫生由舍长统一安排。

住宿人员有下列行为之一的，立即取消其住宿资格，并根据情节严重情况决定是否呈报至相关部门及公安部门处理：

1. 有偷窃、威胁行为的。

2. 不服从行政部门安排管理，寻衅滋事的。

3. 有赌博、酗酒、嫖娼、斗殴行为的。
4. 妨碍他人且屡教不改的。
5. 蓄意破坏公共设施及财物的。

企业卫生检查制度制定

为了给所有员工营造一个舒适优美且干净整洁的工作环境，给公司树立一个良好的形象，行政部门需要制定专门的卫生检查制度。

卫生管理范围为公司各部门办公室、会议室、礼堂、卫生间、走廊、吸烟区、绿化区及门窗。

卫生清理标准为门窗上没有浮尘，地面没有杂物垃圾，没有污水、污物及浮尘，墙壁及其附着物上没有蜘蛛网及浮尘。

卫生清理的责任部门为行政部、部门负责人及卫生负责人，负责人有权督促各部门办公室员工保持环境卫生。

各部门区域为责任区，其卫生需每周大扫除一次，日常保洁记入卫生评比活动。公共区域需由保洁人员清扫，但不允许员工破坏公共区域卫生。

可以说，卫生管理是一个企业管理水平与员工素质最直观的体现。在所有卫生管理中，卫生间管理又是至关重要的。为此，我们可以制定的具体制度如下：

1. 男员工宿舍楼的卫生间与女员工宿舍楼的卫生间分别派专人管理，其他各个区域的卫生间则由公司指派的负责人负责。

2. 卫生间设施需定期维护，宿舍保洁人员需保证上下水道畅通，无跑水、滴水、冒水、漏水等现象，有损坏要及时维修。

3. 卫生间需定时清扫，保持全天清洁，保持良好通风。保洁人员需保证卫生间各种设施干净无污垢，保证地面无积水、无烟头、无痰迹，卫生间无异味、无蝇蛆。

4. 卫生间各类洁具要保证清洁，保证洁具上无异味、无浮尘、无头发、无水渍、无锈斑，保证卫生间四角无蛛网，地面无脚印无杂物。

第五节　企业总务后勤管理基本表单

表8-1　住宿申请表

填表日期：　　年　　月　　日

姓名			任职单位		
到职	年　月　日		职　称		
籍贯		性别		出生日期	年　月　日（　岁）
学历		学校	科系	□毕业　□肄业	
本人户籍地址					
家　长姓　名		联系地址			
	关系	电　话			
紧　急联络人		联系地址			
	关系	电　话			
爱　好		申　请理　由			
入　舍	年　月　日		人事审核		
床　位	楼　　室　号				
领用公物	棉被	领物签章	退舍移交登记	总务登记	
	床垫				
	枕头			单位主管	
	枕套				
	被套			舍　监	
	钥匙No.				
	其他			总务主管	
备注					

表8-2 住宿人员资料卡

编号：　　　　　　　　　　　　　　　　　　　　填写日期：　　　年　　月　　日

姓名		性别	□男　□女	室号	
出生年月				单位	
到职日期				入住日期	
最高学历				籍贯	
家长信息	姓名		住址	关系	电话
紧急联络人	姓名		住址	关系	电话
参加社团				宗教信仰	
兴趣					
考核记录					
备注					

表8-3 宿舍分配申请表

填写日期：　　　年　　月　　日

姓名		性别		服务单位		
职（位）称			进公司日期			
现在住所		起讫地点	~	单程公里数		
预定使用时间		年　月　日起	实际使用单位			
申请分配理由						
总务科意见						
主管单位意见						
总经理	财务单位	管理单位			主管单位		
		经理	主管	主办	经理	副理	主管	主办

表 8-4　住宿登记表

宿舍号码	住宿人员姓名	住宿时间

表 8-5　宿舍检查登记表

填写日期：　　年　　月　　日

宿舍号	宿舍长	检查结果（各种项目）						备注

表 8-6　宿舍物品借用卡

借用人：　　　　　　　　　　　　　　　　　填写日期：　　年　　月　　日

物品名称	借用数量	归还数量	物品名称	借用数量	归还数量
棉被					
蚊帐					
衣橱钥匙					
枕头					
门钥匙					
拖鞋					

表8-7 卫生区域计划表

部门＼区域	仓库	走道	空地	厂外环境	水沟
清洁说明					

表8-8 清洁工作安排表

　　月　　日至　　月　　日　　　　　　　　　　　　　　　　页次

姓名				
日期				
清洁项目				
考核				
日期				
清洁项目				
考核				

表8-9 卫生状况检查表

检查项目	良好	一般	较差	缺点事实	改善项目
着装					
茶杯、烟缸					
门					
窗					
地板					
办公桌椅					
电话					
办公用具					
工作桌椅					
楼道					
卫生间					
其他					

表8-10 清洁卫生评分表

评分部门		评分员		日期	
评分项目		最高分值	评分	备注	
一般安全		15			
消防器具		10			
走道通路		15			
工作区域整洁		15			
环境整洁		15			
办公桌椅及办公室整洁		15			
设备维护状况		15			
建议及评语					

表 8-11 车辆登记表

使用人姓名				驾驶员姓名	
牌照号码				车名	
车身号码				车型	
购车日期				初检日期	
复检日期					
保险记录	保险公司	保险证号码		保险期限	保险内容
购置价格				经销商	
附属品	□收音机 □放音机 □热风 □冷风				
驾驶员	住址			电话	
	住址			电话	

表 8-12 派 车 单

使用部门				随行人数	
起止点及时间					
事由					
车号		行车里程		行车时数	
管理部门	主管：	经办人：	使用部门	主管：	使用人：

表 8-13　借车审批单

借用人	事由	借用时间	预定行程	实际行程	驾驶人	准借车辆（车型、牌号）
借车须知	\multicolumn{6}{l}{1. 本单位员工因事急需，在不影响工作且条件允许的前提下可申请借用公务汽车。 2. 借用车辆必须在当天下班前回收，不得在外过夜。 3. 借用人可以自行商请具有合格驾照的司机担任驾驶员。 4. 借用时间内车辆故障或损坏，借用人应负责修理费用或赔偿。 5. 借用时间内车辆及人员违反交通规则或发生任何意外事故，概由借用人自行负责。 6. 用车人用车后三日内向总务处缴清油费。 7. 申请单一式两联，一联交总务处，一联交车辆配属部门备查。}

总务处：＿＿＿＿　　车辆主管：＿＿＿＿　　借用人：＿＿＿＿　　申请日期：＿＿＿＿

表 8-14　车辆请修报告单（一）

填表日期：　　年　　月　　日

车型		车号		驾驶员姓名	
请修项目	\multicolumn{2}{l}{估计金额}			
	维修预算				
	累计已动支预算				
	尚余预算				
损坏原因					
审核意见					

主管：＿＿＿＿　　管理员：＿＿＿＿　　请修人：＿＿＿＿

表 8－15　车辆请修报告单（二）

　　　　　年　　　月　　　日　　编号：

车号		里程数		责任人	
请修项目					
估计金额					
修理厂					
损坏原因					
审核意见					

主管：　　　　　　复核：　　　　　　管理员：　　　　　　请修人：　　　　　

表 8－16　车辆领油单

领油日期		
牌照号码		
级别及数量	高级汽油	
	普通汽油	
	柴油	
	机油	
领油时里程表指数		
备注		

表 8-17　燃油效率及耗油量结算表

| 本车耗油标准：km/L |
| 本月行驶/km： |
| 耗油量/L： |
| 已报油量/L： |
| 应补油量/L： |
| 上月结存/L： |
| 本月领油/L： |
| 本月耗油/L： |
| 本月结存/L： |
| 经办：_____　　司机：_____ |

表 8-18　车辆保养修理记录表

年		项目	金额	保养前路码表数	经手人（签章）	主管（签章）
月	日					
合计						
本月费用		汽油金额		保养金额	修理金额	总计

表 8-19 车辆费用报销单

申请人		单位		车号	
报支期间				车型	
项目	张数	金额 （单据粘贴处）			
小计					

主管：_____   领款人：_____   填表日期：_____

表 8-20 车辆费用支出月报表

_____月份

税捐保险费		修理保养费		过桥费		汽油费		上月里程	
说明	金额	说明	金额	说明	金额	说明	金额	本月里程	
								行驶里程	
								本月总费用	
								每公里费用	
								每公里汽油费用	
	合计		合计		合计		合计	备注	
汽油费明细	日期	金额	经手人	日期	金额	经手人	日期	金额	经手人

经理：_____   会计：_____   填表：_____

表 8-21 车辆事故报告表

年 月 日	报告者	科	签章
发生时间	年 月 日 上午·下午 时 分		
事故种类	1. 人车相撞（轻伤、住院、重伤、病危、死亡） 2. 车辆本身（颠覆、冲撞、冲出路外、零件损坏、其他） 3. 车辆相撞（擦撞、追撞、冲撞、其他）		
发生地点				
事故原因 事故情况		现场概图	
共乘者		见证人	
当事人		对方	
姓名		姓名	
单位		公司名	
本人地址		本人地址	
联络处		公司地址	
车种年份		车种年份	
车牌号码		车牌号码	
驾照号码		驾照号码	
保险公司		保险公司	
保险单号码		保险单号码	
损失额明细		损失额明细	
损失部分		损失部分	
备注			